Meiner geliebten Frau Verena
und dem Vermächtnis Oshos gewidmet

Inhalt

Obwohl wir zu schlafen scheinen,
gibt es ein inneres Wachsein,
das den Traum lenkt,
und dieses wird uns schließlich wachrütteln
für die Wahrheit, die wir sind.

Dschelaleddin Rumi

Vorwort

Wenn unser spirituelles Bewusstsein erwacht und wir sehen, dass wir uns allmählich auf das Ende unseres Ego zubewegen, ertönt ein Ruf, und etwas tief in unserem Wesen antwortet. Das ist das Zeichen, dass unser wahres Selbst erwacht und aus seiner menschlichen Bedingtheit heraustritt, wo es in Unwahrheit und Illusionen darüber verfangen war, wer wir sind und warum wir hier sind. Unsere Eingebundenheit in die Gesellschaft hat uns unsere wahre Natur vergessen lassen: dass wir spirituelle Wesen sind, die in einem sterblichen Körper wohnen und hier sind, um alle unsere Tätigkeiten und Beziehungen mit Geist zu erfüllen. Dieses aufdämmernde Bewusstsein greift heutzutage um sich und zerrt am Kern vertrauter Identitäten. Fragen entstehen: Wer bin ich? Warum bin ich hergekommen? Was ist der Sinn meines Lebens? Und es ist weiß Gott Zeit, dass wir aufwachen; unser gesamter Planet läuft seinem Untergang entgegen!

In dem vorliegenden Buch spricht Jack Allanach eine deutliche Sprache. Er zeigt uns, wie wir uns von dem »Feind in unserem Kopf« befreien können, in dem sich die ganze kulturelle, gesellschaftliche und familiäre Programmierung versammelt, die, offen gestanden, selten auf der Wahrheit unseres eigenen Wesens gründet. Vieles von dem, was wir als »Wahrheit« gelernt haben, wird in diesem Buch ernsthaft infrage gestellt, um uns endlich wachzurütteln für die innere Weisheit, die wir bereits besitzen. Der Psychologe Sam Keen nennt das den »Stuss-Detektor«, der Unwissenheit und pure Dummheit schon auf zehn Meter Entfernung aufspürt. Ich bediene mich hier einer groben Sprache, denn die Macht der Illusion ist für die menschliche Psyche katastrophal. Diese falschen Ideen regieren nicht nur unser Leben, sie ruinieren es!

Wenn wir erst einmal auf diese abgegriffenen und irrigen Überzeugungen stoßen, werden wir, wie Jack Allanach schreibt, entdecken, dass in unserem Innern ein größeres Ich, ein größeres Selbst, lebt, das imstande ist, über alle Biegungen, Wendungen und nebligen Stellen hinauszuschauen, die wir im Alltag durchleben. Jack bittet uns ganz unverblümt, uns darüber klar zu werden, dass wir ebenso falsche wie gefährliche politische und religiöse Philosophien entwickelt haben, die die Wahrheit und Ganzheit unseres Wesens verdrehen und zudecken. Er ist nicht bereit, sich auf irgendwelche faulen Kompromisse einzulassen, die die Klarheit der Sicht blockieren, und erinnert uns daran, dass wir in dieses Leben gekommen sind »mit dem Potenzial, uns zu erinnern, und mit der Freiheit, zu vergessen, wer wir wirklich sind«. Dieses Buch ist ein Aufruf an uns alle, aufzuwachen und unsere Wirklichkeit zu leben.

Die große Weisheit, die Jack uns vermittelt, ist die Frucht einer langen persönlichen Schulung und Heilung auf seinem eigenen Weg zum Erwachen, auf dem sowohl der Osten als auch der Westen eine Verbindung miteinander eingehen, um ein ganzheitliches Verständnis des menschlichen Prozesses heranreifen zu lassen. Jack schreibt ausgezeichnet und überdies mit viel Humor. Sie werden an jeder Seite dieses Buches Ihre Freude haben und, wie ich aufrichtig hoffe, auf jeder Seite Aspekte Ihres wahren Selbst entdecken.

Jacquelyn Small
Begründerin des *Eupsychia Instituts* und Autorin
Austin, Texas, USA

Einleitung

Dies ist ein Buch über innere Alchimie: die Befreiung des wirklichen »Ich«, damit Sie aufblühen, ungehindert Ihre Flügel ausbreiten und fliegen können. Es ist ein Buch über die Entscheidung, mit weit geöffneten statt mit fest geschlossenen Augen zu leben, darüber, Ihr inneres Licht anzuknipsen und es leuchten zu lassen. Es ist ein Buch über Wandlung.

Und wer bin ich, der Autor? Ich bin weder Psychologe noch Philosoph, weder Theologe noch Therapeut, und ich lege auch kein System irgendeiner Art dar, noch werbe ich für ein solches. Ich bin einfach jemand, der pragmatisch beobachtet, prüfende Fragen stellt und in den letzten dreißig Jahren den uralten Weg der Mystiker gegangen ist. Ich bin ein Mann, der die verborgenen Gesetze der inneren Wandlung studiert und durch eigene Erfahrung gelernt hat, sie im Alltag anzuwenden. Mobilisiert durch das, was ich in meiner Umgebung sehe, antworte ich jetzt auf den inneren Ruf, das Gelernte weiterzugeben. Dieses Buch ist die Antwort.

Jack Allanach
Wentworth Falls, Australien

1

Der Feind in deinem Kopf

In unserem Kopf wohnt ein Feind, irgendwo weit hinten in den trüben, dunklen Winkeln unseres Verstandes. Es ist diese unangenehme, nörgelnde kleine Stimme, die behauptet, wir seien zu dick oder zu dünn, so wenig liebenswert, dass niemand mit uns zusammen sein will, oder solch angeborene Verlierer, dass es sich nicht einmal lohnt, eine Anstrengung zu unternehmen, weil wir ohnehin scheitern werden.

Der Feind in unserem Kopf mag uns nicht. Er äußert sich negativ zu so gut wie allem, besonders wenn es sich um etwas anderes oder Neues handelt. Er stört und hindert uns konstant. Er zeigt Fehler und Fallen auf, die uns vor Angst und Unentschlossenheit lähmen können, und hält uns in Jobs, Situationen, Beziehungen oder Mentalitäten fest, ohne die es uns wahrscheinlich sehr viel besser ginge.

Der Feind in unserem Kopf ist hartnäckig, und wenn er es nicht schafft, uns mit seinen Angriffen fertig zu machen, schafft er es vielleicht mit listiger Anbiederung. Wir alle kennen Menschen, die sich für wer weiß was halten: den Angeber, der glaubt, er sei eine Offenbarung für das andere Geschlecht, oder die anmaßende Zicke, die sich sicher ist, dass ihr jedes männliche Wesen, das ihr begegnet, an die Wäsche will. Der Feind in unserem Kopf ist darauf aus, uns zu demoralisieren. Und er wird es mit Wut oder Sabotage, mit Fantasie oder Schmeichelei probieren. Hauptsache, es funktioniert.

Der Methode, die Ihr persönlicher Feind wählt – er lebt schließlich in *Ihrem* Kopf –, liegt ein bestimmter Faktor zugrunde, der bei allen der gleiche ist. Wie bei einem Politiker, dem jedes Mittel recht ist, um an der Macht zu bleiben, besteht sein Handelskapital aus Lügen. »Es gibt ein Wort, das im Herzen einer jüdischen Frau Entsetzen auslöst«, sagte mir einmal eine Exfreundin, »und das ist das Wort ›dick‹«. Jeden Morgen schob sie beim Erwachen die Decke beiseite und prüfte tastend, ob sie über Nacht womöglich zugenommen hatte.

War sie dick? Natürlich nicht. Sie war an den richtigen Stellen weich und rund und musste, wie ich fand, nicht ein Gramm abnehmen. Aber der Feind in ihrem Kopf hatte ihr eingeredet, dass sie zu dick wurde – und daher empfand sie es so in ihrer Vorstellung.

Glücklicherweise verfiel diese sinnliche Frau nicht dem selbstzerstörerischen Extrem von Magersucht, Bulimie oder Abführmittelmissbrauch. Stattdessen neigte sie dazu, auf Essen zu verzichten und auf Abwarten zu setzen. »Wenn ich in die Menopause komme und sexuell ohnehin nicht mehr attraktiv bin«, gestand sie mir einmal, »werde ich auf dem direktesten Weg zum Kühlschrank laufen.«

Zufällig drehte sich der Tick meiner Exfreundin um Essen und Kalorien, aber es hätte auch um etwas anderes gehen können: zu groß oder zu klein, zu klug oder zu dumm, zu waghalsig oder zu vorsichtig, zu scheu oder zu direkt zu sein. Nicht die Eigenschaft selbst ist entscheidend, sondern die Macht, die wir ihr geben: Wir erlauben ihr, uns zu beeinflussen und in vielen Fällen buchstäblich unser Leben zu zerstören.

Das Leben, das wir leben, wird von unseren Ängsten und Sehnsüchten gesteuert. Wir befürchten, dass wir, wenn wir uns beispielsweise zugestehen, ein paar Gramm mehr zu wiegen, unser restliches Leben allein verbringen werden und unsere grundlegende Sehnsucht nach Liebe nie gestillt wird. Für den Feind in unserem Kopf sind unsere Ängste und Sehnsüchte Wasser auf seine Mühle. So hat er sich überhaupt erst entwickelt, und so fährt er fort, unser Leben zu beherrschen.

Die Angst, allein zu sein, und der Wunsch, geliebt zu werden, gehören zu den Gründen, die Menschen zu Maßnahmen wie plastischer Chirurgie oder Faltenunterspritzungen mit Botox veranlassen. Der Feind in unserem Kopf macht uns weis, dass der Märchenprinz oder die -prinzessin sich unweigerlich in unseren Anblick verlieben wird, wenn nur eine ganz bestimmte Falte auf der Stirn und die paar Lachfalten um die Augen verschwunden sind. Selbstliebe zieht die Liebe anderer an, nicht Botox. Wie ich gelesen habe, laufen Menschen, die sich Behandlungen mit Botox unterziehen, Gefahr, auf die Dauer keine Mimik mehr zu haben, da sie die Muskeln in ihrem erstarrten Gesicht nicht mehr bewegen können.

Eine Frau, die vor vielen Jahren meine Arbeitskollegin war, wurde immer wieder von anderen abgelehnt. Sie war intelligent, unterhaltsam und konnte Menschen wunderbar nachahmen, aber sie hatte eine sehr geringe Meinung von sich – und diese äußerte sich in lustigen, aber selbstabwertenden Äußerungen, die alles spickten, was sie sagte. Der Feind in ihrem Kopf hatte ihr versichert, dass sie wertlos war, und sie hatte schließlich zugestimmt. In kürzester Zeit kamen die anderen zum selben Ergebnis – und verstärkten die Überzeugung der Frau. Natürlich stimmte es nicht. Der Feind in unserem Kopf braucht unsere Zusammenarbeit, um zu blühen und zu gedeihen.

Wie er sich äußert, hängt von Temperament und Persönlichkeit ab, aber die fundamentalen Ängste, die wir alle hegen, haben mit einer ebenso grundlegenden wie falschen Wahrnehmung zu tun: dass wir so, wie wir sind, nicht in Ordnung sind. Das ist die Grundbotschaft des Feindes in unserem Kopf. Und so sicher wie der Donner auf den Blitz folgt daraus das Gefühl des Nichtdazugehörens und die Unfähigkeit, in dieser Welt ganz natürlich zu funktionieren.

Worin auch immer Ihre grundlegenden Ängste bestehen mögen – ob Sie sich allein oder wertlos, dominiert oder unterdrückt fühlen –, die Schlussfolgerung ist immer dieselbe: Um zu überleben und in dieser Welt akzeptiert zu werden, müssen Sie anders sein. Und dazu müssen Sie sich von dem entfernen, wie Sie wirklich sind.

Woher kommt der Gedanke, dass wir so, wie wir sind, nicht in Ordnung sind? Wer ist dieser Feind in unserem Kopf? Und wie ist er dort hineingekommen?

Ich habe eine gute und eine schlechte Nachricht. Die schlechte Nachricht lautet, dass der Feind in unserem Kopf eine universelle Tragödie des Menschseins ist; er gehört einfach dazu. Die gute Nachricht – und darauf will ich hinaus – lautet, dass wir ihn mit ein bisschen harter Arbeit identifizieren, isolieren und als das Machwerk entlarven können, das er ist. Dann können wir ihn neutralisieren und anfangen, unser Leben als das authentische Wesen zu leben, das wir in Wirklichkeit sind. Die Entstehung des Feindes in unserem Kopf ist unvermeidlich. Er ist ein Konstrukt, ein Konglomerat aus Überzeugungen und Ideen, Meinungen und Urteilen, Moralkodizes und Verhaltensvorschriften, die wir allesamt – bewusst und unbewusst – von anderen Menschen erworben haben oder die uns von ihnen aufgedrängt werden. Der Feind in unserem Kopf ist Teil des natürlichen Lebensablaufs.

Als ich 15 war, kam mein Bruder zur Welt, und bis ich von zu Hause fortging, um zu studieren, war er fast vier, und wir beide waren unzertrennlich. Ich beobachtete an ihm, dass ein kleines Kind als unbeschriebenes Blatt, als *Tabula rasa,* zur Welt kommt. Am Anfang gibt es nur die engelsgleiche Unschuld eines neuen Wesens, das in die Welt schaut ohne das Bedürfnis oder die Fähigkeit, Vorstellungen zu bilden oder Schlussfolgerungen zu ziehen. Dann ertönt eines Tages der Ausruf: »Meins!« – der gewöhnlich lautstark geäußert und von einem energischen Umklammern des vermeintlich bedrohten Gegenstands begleitet wird. Bei Paul war es offensichtlich, dass das Bewusstsein von »Ich bin ich, und du bist du, und das ist meins und nicht deins« erwacht war. Man kann es die Geburt des Ego nennen, das erste Gefühl von Getrenntheit. Damit wird auch zum ersten Mal das fruchtbare Feld bestellt, auf dem der Feind heranwächst, der in unserem Kopf wohnt.

Was setzt da ein?

Die Konditionierung setzt ein. Wir bekommen beispielsweise wiederholt zu hören: »Es interessiert niemanden, was du zu sagen hast. Nette Kinder sollte man sehen und nicht hören.« Und wir wachsen im Schatten des Lebens auf und murmeln und stottern, sobald wir den Mund aufmachen müssen.

Die Programmierung setzt ein. Wir lernen, unsere Emotionen zu unterdrücken und unseren Schmerz herunterzuschlucken, denn: »Ein großer Junge weint nicht. Sonst halten dich die anderen für eine Memme, und niemand will etwas mit dir zu tun haben.«

Die Vorstellungen setzen ein. Meine Großmutter, die gegen Ende der 80er Jahre des 19. Jahrhunderts geboren wurde, sagte mir: »Die Frau kommt auf die Welt, um dem Mann zu dienen, und das ist ihre Freude.« Versuchen Sie mal, mit dieser Vorstellung eine Beziehung im 21. Jahrhundert einzugehen!

Die Konditionierungen, Programmierungen und Vorstellungen unterscheiden sich von Kultur zu Kultur und von Familie zu Familie, aber die Ergebnisse sind dieselben. Das Kind zieht sich in sich selbst zurück, erstickt von fehlgeleiteter Liebe oder klein gemacht durch eine böswillige Erziehung mit der eisernen Faust – und als kleine Jungen und Mädchen lernen wir, uns selbst zu verraten, um dazuzugehören, und unsere kleinen Seelen zu verkaufen, um zu überleben. Die Einzigartigkeit wird unterdrückt, die Originalität entmutigt. Die Botschaft lautet: »Pass dich an.«

Und wie sieht es mit dem ganzen Unsinn aus, der uns beigebracht wird? Die Mutter eines meiner Bekannten warnte ihn: »Wenn Männer und Frauen es vor der Ehe miteinander treiben, lässt Gott sie sterben.« Und der Vater eines anderen Freundes kontrollierte dessen Verhalten durch Schuld: »Du bohrst deiner Mutter ein Messer ins Herz.«

Ist es außerhalb der Familie besser? Kaum. Lehrer und Gleichaltrige fahren dort fort, wo Mutter und Vater aufgehört haben, und sobald wir die Schule hinter uns haben, macht die Gesellschaft nahtlos weiter, indem sie uns geborgte Überzeugungen und falsche Ideen einhämmert, die die Rechthaberei verherrlichen, zur Doppelmoral ermutigen, aggressives Konkurrenzverhalten fördern und die Macht anbeten, ganz gleich um welchen Preis.

Und wie sieht es mit den falschen Versprechungen aus, für die Menschen jedes Jahr Milliarden ausgeben – in Form von Cremes, Pflegespülungen und Diäten, die Frauen helfen sollen, im Handumdrehen wie Jennifer Aniston auszusehen, oder in Form von Bauchmuskeltrainern, die Ihnen bei nur 10 Minuten am Tag einen Waschbrettbauch wie Brad Pitt verschaffen? Oder in Form von Zeitschriften, die garantiert Ihr »Verlangen nach Prominenten« befriedigen, ein Verlangen, von dem ich nie wusste, dass wir Menschen es überhaupt haben?

»Gib mir das Kind, bis es sieben ist, und ich werde dir den Mann zeigen«, heißt es bei den Jesuiten, während wir den Aussagen der Psychologie zufolge bereits mit vier Jahren vollständig geprägt und programmiert sind.

Mit vier Jahren, so die Psychologen, sind wir nicht länger einfach reine und fließende Energie, die *Tabula rasa*, die ich bei meinem kleinen Bruder Paul erlebt habe. Mit vier ist die Spaltung zwischen der Person, die wir wirklich sind, und der Art, wie wir zu sein haben, schon abgeschlossen. An der Oberfläche zeigt sich das Bild, das wir entwickelt haben, um dazuzugehören, geliebt zu werden, sicher zu sein und zu überleben. Wer wir wirklich sind – unser einzigartiges Selbst – ist in den Hintergrund gedrängt worden. In Michael Apteds Dokumentarfilm *42 Up,* dem letzten in einer 1963 begonnenen Serie, in der er jeweils im Abstand von sieben Jahren die Entwicklung von 14 englischen Kindern filmisch festhielt, erhalten Sie einen sichtbaren Beweis für die Macht, die die Erziehung auf unsere Entwicklung ausübt. Die Konditionierungen, Programmierungen und Vorstellungen, die uns von Eltern und Gesellschaft beigebracht wurden, begleiten uns ein Leben lang. Sie beeinflussen unsere Handlungen, prägen unsere Ansichten und gestalten unser Dasein. Ich kenne eine Frau, die ihr eigenes Leben nicht gelebt hat und Gefahr läuft, das Leben ihres Sohnes zu verpfuschen aufgrund der ihr in der Kindheit eingetrichterten, falschen Vorstellung, dass Liebe heißt, die Verantwortung für das Leben des anderen zu übernehmen.

Die Konditionierungen, Programmierungen und Vorstellungen machen uns zu Verdrängern statt zu Handelnden. Sie machen uns ängstlich statt mutig, geizig statt freigebig, betrügerisch statt offen, schüchtern statt gesprächig und zu kindlichen Anklägern statt zu reifen und verantwortlichen Erwachsenen.

Wir bleiben so lange in dieser Falle stecken, bis wir uns entscheiden, etwas dagegen zu unternehmen – wie etwa eine Freundin von mir, die als Kind von ihrem Vater sexuell missbraucht wurde und immer wieder gewalttätige Männer anzog, bis sie das Muster im Kern erkannte und ihre Rolle bei seiner Fortführung einsah. Heute lebt sie mit einem liebevollen Mann in einer gesunden Beziehung – und das ist die direkte Folge davon, dass sie imstande war, das destruktive Muster zu erkennen, in ihrer Vergangenheit zu graben und dann seine Wurzeln auszureißen.

Aufgedrängte oder übernommene Konditionierungen, Programmierungen und Vorstellungen sind die Bausteine, aus denen sich der Feind in unserem Kopf zusammensetzt. Dieser Feind spricht nicht einfach nur mit einer einzigen Stimme. Er verfügt über viele Stimmen, und jede hat den perfekten Ton und genau die Ausdrucksweise, die notwendig sind, um uns dazu zu zwingen oder zu verführen, das zu tun, was er will – was natürlich nie zu unserem Besten ist. Sehr oft ist diese Stimme identifizierbar. Fangen Sie an, hinzuhören. Sie werden die Stimme Ihrer Mutter, Ihres Vaters, Lehrers, Pfarrers oder Priesters hören. Diese Stimmen sind in Ihrem Innern immer noch lebendig und sagen Ihnen selbst jetzt noch, was Sie zu tun und wie Sie zu sein haben. Es sind nicht die Stimmen, die bei einem krankhaften Zustand wie einer gespaltenen Persönlichkeit auftreten, wie sie dramatisch durch die Ausbrüche des computererzeugten Gollum in dem Filmzyklus *Der Herr der Ringe* illustriert wurde. Wir sind Geschöpfe zweier Welten, der spirituellen und der physischen Welt, und jeder von uns hat innere Entsprechungen zu äußeren Sinnen wie Sehen und Hören. Die Stimmen, aus denen der Feind in unserem Kopf besteht, sind innere Stimmen, und als solche werden sie von unserem inneren Ohr wahrgenommen. Wenn wir uns ihren Inhalt anhören, was sie sagen und wie sie es sagen, können wir ihren Ursprung erkennen. Diese Stimmen sind nicht unsere. Sie stammen alle aus zweiter Hand; sie kommen von jemand anderem. Wenn wir uns von ihrem Einfluss und ihren Wirkungen befreien wollen, ist es von nicht zu unterschätzendem Wert zu erkennen, wen diese Stimmen repräsentieren.

Ich wurde beispielsweise von einem Vater großgezogen, dessen Sozialverhalten weitgehend von dem Prinzip regiert wurde: »Was werden die Nachbarn denken?« Seine innere Ängstlichkeit und persönliche Besorgnis hatten nichts mit den Nachbarn, sondern einzig und allein mit ihm zu tun. Obwohl ein solches Problem im Innern angesiedelt ist, lenkt der Feind in unserem Kopf die Aufmerksamkeit nach außen und redet uns ein, unsere Vermutungen darüber, was die anderen von uns denken, seien wahr. Die extremste Ausprägung dieses Hangs ist der Glaube, wir seien der Mittelpunkt des Universums und jeder beschäftige sich nur mit uns.

Ich erinnere mich, wie ich im Alter von neun Jahren eine Straße in meiner Heimatstadt entlangging. Mir kam ein Paar entgegen, das sich unterhielt und lachte, und ich war fest davon überzeugt, dass sie über mich sprachen. Als wir aneinander vorbeigingen, merkte ich, dass sie sich keineswegs über mich unterhielten; sie hatten meine Existenz nicht einmal wahrgenommen. Damals erkannte ich, dass Menschen im Grunde nur mit sich selbst beschäftigt sind. Das war ein Schock und gleichzeitig auch eine Erleichterung und Offenbarung.

Bis auf den heutigen Tag stelle ich fest, dass ich mich frage, was meine Nachbarn denken werden, wenn ich dies oder jenes tue. Es ist die Stimme meines Vaters, die immer noch in mir spricht, aber ich schenke ihr keine Beachtung mehr. Es ist nur meine Vergangenheit, die in meinem inneren Ohr die Besorgnis meines Vaters nachhallen lässt.

Ich habe immer geglaubt, diese alten Programme und Prägungen würden mit der Zeit verschwinden wie ein alter Haarschnitt. Doch dem ist nicht so. Erinnerungen verblassen vielleicht wie alte Fotos, aber sie bleiben. Die Programme und Konditionierungen gleichen einer Schachtel mit alten Tonbändern, die wir immer mit uns herumtragen. Wir entscheiden uns einfach, sie nicht mehr anzuhören.

Es gibt eine Sufi-Geschichte über einen reichen Kaufmann, der weit herumkam und oft über lange Zeit von zu Hause fort war. Während seiner Abwesenheit übertrug er seinem Diener die Verantwortung für sein Haus.

Einmal war der Mann so viele Jahre verreist, dass der Diener schließlich glaubte, das Haus gehöre ihm und seinen Herrn gebe es gar nicht. Er aß nicht mehr in der Küche, sondern bei Kerzenschein im Esszimmer. Er schlief nicht mehr in dem Teil des Hauses, der ihm zugewiesen worden war, sondern im Bett seines Herrn. Es war sozusagen sein Haus, und er benutzte es nach seinem Gutdünken.

Eines Tages kehrte der Kaufmann zurück und erinnerte den Diener daran, wer wirklich der Herr im Hause war.

Genauso verhält es sich bei uns. Wir sind unserem eigenen Haus so lange fern gewesen, dass der Diener – der Verstand – die Herrschaft übernommen hat, und es ist die Aufgabe des Feindes in unserem Kopf, zu gewährleisten, dass sich daran nichts ändert. Aber, wie die Sufi-Geschichte uns lehrt, kann die rechtmäßige Ordnung wiederhergestellt werden.

Wenn ich über den »Verstand« spreche, meine ich mehr als das Gehirn. Das anatomische Gehirn entspricht der Computer-Hardware, die von einem Betriebssystem – einem organischen Mac OS X oder einem Windows XP – in Gang gehalten wird, das die Körpervorgänge steuert, angefangen vom Sehen und Hören über die Verdauung und Ausscheidung bis hin zur Koordination unserer Füße, Beine und Lungen, damit sie beispielsweise beim Treppensteigen planvoll und harmonisch zusammenarbeiten.

Der Verstand ist dagegen mit der Anwendersoftware vergleichbar. Er verarbeitet die Information auf tausenderlei bemerkenswerte Weisen. Er nimmt automatisch unsere Ideen und Eindrücke auf, sortiert und speichert sie, sodass sie bei Bedarf abrufbar sind – etwa wenn wir uns daran erinnern, dass wir keine Calamares mögen, schon bevor wir sie kosten, oder wenn wir ein Gesicht auf der Straße wiedererkennen.

Der Verstand ist ein hervorragendes und unvergleichliches Werkzeug. Er erwägt und bewertet, argumentiert und entscheidet, initiiert Handlungen, schlägt Reaktionen vor oder drängt uns zur Flucht. Er erlaubt uns zu kommunizieren, Gedanken und Ideen in Sprache umzusetzen, oft in mehr als eine. Er spielt auch eine Rolle bei den Emotionen, den Gefühlen von Freude und Trauer, Liebe und Angst, Ärger und Scham, die aus dem Unterbewusstsein oder den Tiefen des menschlichen Herzens aufsteigen. Emotionen haben einen bedeutenden Einfluss darauf, wie wir die Welt begreifen und interpretieren und wie wir mit anderen in Interaktion treten, und der Verstand ist das Vehikel, mit dessen Hilfe wir diese Emotionen wahrnehmen und letztlich ausdrücken oder verdrängen.

Aber wie so häufig bei einer Software ist der Verstand von einem Virus befallen – und das ist der Feind, der in unserem Kopf wohnt. Der Verstand selbst ist nicht der Feind. Der Feind in unserem Kopf besteht aus einem Konglomerat von Überzeugungen, Prinzipien, Ideen und Maßstäben, die wir absichtlich oder unabsichtlich von anderen übernommen haben. Wir kommen in Kürze auf das Antivirenprogramm zu sprechen, doch fragen Sie sich zunächst selbst: Wer ist der Herr im Haus? Wer ist das wirkliche »Ich«, dem dieses Leben geschenkt wurde: die wunderbare Chance, Darsteller in unserem ureigensten Stück zu sein?

Als ich fünf war, starb meine Stiefmutter Isabel. Sie war zur Entbindung ins Krankenhaus gegangen, und mich hatte man so lange bei meiner Großmutter untergebracht. Ein paar Nächte später wachte ich auf und sah meinen Vater weinend an meinem Bett sitzen. »Isabel und das Baby sind heute Nacht gestorben«, sagte er. Ich fing auch an zu weinen. Aber ich wusste in Wahrheit gar nicht, was »sterben« bedeutet.

Drei Tage später fand ich es heraus. Meine Großtante holte mich ab und sagte mir, wir würden zu meiner anderen Großmutter fahren, um Isabel zu besuchen. Ich fragte, ob das neue Baby auch da sei, aber sie gab mir keine Antwort.

Als wir ankamen, standen die Türen zum vorderen Salon offen, einem Zimmer, das nur selten benutzt wurde. Dort in der Mitte lag Isabel, in einer von Blumen umgebenen Kiste. Ich rannte ins Zimmer, und da ich glaubte, Isabel schliefe, berührte ich ihre Hand, um sie zu wecken. Ich erinnere mich immer noch daran, wie sich die Hand anfühlte: kalt und leblos, doch unter dem Druck meiner Finger nachgebend. Da wusste ich, was »gestorben« bedeutet. »Isabel« gab es nicht mehr. Der Körper war noch da, zurechtgemacht und aufgebahrt für die Beerdigung, aber »sie« war fort.

Die Lebensenergie, der Geist, die Seele, das Bewusstsein – schwache Worte, um zu versuchen, das Nichtdefinierbare zu definieren – ist das, was wir von der Essenz her wirklich sind. Das Übrige, und damit meine ich den gesamten Verstandes- und Körperkomplex, ist zweitrangig. Dieses Bewusstsein ist der Herr im Haus, und der Verstand ist sein Werkzeug, um in dieser Welt der Form zu funktionieren. Doch alles ist völlig auf den Kopf gestellt: Der Verstand und der Feind in unserem Kopf haben das Ruder übernommen; sie sind das, wofür wir uns schließlich halten.

Der Tod Isabels war meine erste indirekte Begegnung mit dem, was wir sind. Meine erste direkte Begegnung hatte ich bei einem Nahtoderlebnis, das durch einen Autounfall ausgelöst wurde.

An einem Aprilnachmittag stieg ich in mein Auto, um über ein langes Wochenende von Montreal nach New York City zu fahren. Hundert Meilen vor Manhattan mitten in einem heftigen Frühjahrsregen platzte ein Vorderreifen. Der Wagen geriet ins Schleudern, und wie ein Gummiball, den man an einen hölzernen Schläger gebunden hat, rammte er immer wieder die Leitplanke, von der Wucht des einen Aufpralls zum nächsten geschleudert. Laut hörte ich mich sagen: »Auf diese Weise werde ich also sterben!« Ich war immer neugierig darauf gewesen; jetzt wusste ich es. Und genauso wie man es in Romanen liest, spulte sich mein Leben wie ein Film im Schnelldurchlauf vor mir ab – eine Episode nach der anderen, Szene für Szene. Ich wusste, dass nichts zu machen war. Niemand hörte mein Schreien; niemand konnte das Unausweichliche aufhalten. Ich wusste, dass sich keine große Hand aus dem Himmel herabstrecken würde, um mich nach oben zu heben und in Sicherheit zu bringen. Und mit diesem Verständnis entstand eine große Akzeptanz. Ich sagte einfach: »In Ordnung«, faltete meine Hände im Schoß und wartete auf den Tod.

Dann lösten sich mein Körper und Verstand in ein überschäumendes Sprudeln auf und fegten das Denken und Fühlen mit sich fort. Was blieb, war ein ruhiger See der Leere und ein winziger Lichtpunkt – und dieser Lichtpunkt war »ich«. Ich schrieb darüber vor Jahren in meinem Buch *Mit Licht und Farben heilen* und weiß nicht, wie ich es besser ausdrücken soll: »Irgendwo jenseits des Denkens war eine Präsenz. Und ihr Wesen bestand darin, Zeuge zu sein.« Dieses Zeugenbewusstsein, dieser Beobachter, sind wir in Wirklichkeit.

Mir wurde ein kleiner Einblick gewährt, und dann fiel ich in die Alltagswelt zurück – aber ich nahm die Erfahrung mit. Sie machte mich dafür wach, dass ich nicht der war, für den ich mich immer gehalten hatte, sondern weitaus mehr.

Bei dieser kurzen Begegnung mit dem Tod sah ich auch, dass jenseits des Verstandes eine Leere, eine unendliche, stille Leere, im Zentrum unseres Seins liegt, die buchstäblich von unmanifestiertem Leben pulsiert. Aus dieser Leere, dieser existenziellen Stille, entsteht die Form.

Wenn Sie ein Samenkorn aufbrechen, scheint es leer zu

sein. Sobald Sie ihm jedoch die richtigen Bedingungen in Form von Erde, Dunkelheit und Wasser zuteil werden lassen, enthüllt sich das, was in ihm angelegt ist.

Im Grunde verhält es sich mit uns genauso. Fragen Sie irgendwelche Maler, Schriftsteller, Bildhauer oder Musiker nach der Quelle ihres künstlerischen Ausdrucks. Sie alle werden Ihnen sagen, dass ihre Kreativität aus dieser schweigenden Stille im Inneren entsteht.

Es ist nicht nötig, dass die eigene Mutter stirbt oder man selbst beinahe ums Leben kommt, um sich auf den Weg zur eigenen Wirklichkeit zu machen. Auch die Meditation, von der noch die Rede sein wird, bringt uns dorthin.

Warum werden wir nicht einfach bewusst geboren, im vollen Bewusstsein unserer eigenen Wirklichkeit? Ich weiß es nicht. Aber ich habe aus eigener Erfahrung gelernt, dass wir Arbeit leisten müssen, um zu entdecken, wer wir wirklich sind. Die erste Aufgabe besteht darin, die Macht des Feindes zu neutralisieren, der in unserem Kopf wohnt.

Hier sind drei Methoden, die bei mir funktioniert haben und bis heute noch funktionieren:

1. *Neti neti* – eine alte Yoga-Übung, die übersetzt bedeutet: »Ich bin nicht dies, ich bin nicht das«. Man kann sie damit vergleichen, eine Zwiebel zu schälen, um zu ihrem Kern zu gelangen, der mit unserer schweigenden Stille vergleichbar ist.
2. *Im Tun verschwindet der Macher* – ein esoterisches Gesetz, das Ihnen eine vorübergehende Ruhepause vom Denken verschaffen und deutlich zeigen wird, dass Sie das Leben viel mehr genießen, wenn der Feind

in Ihrem Kopf Sie nicht belästigt. Diese Technik hat einen günstigen Nebeneffekt: Sie bekommen auch einen Vorgeschmack vom Zeugen, davon, wer Sie wirklich sind.

3. *Keine Beachtung schenken* – ein bewährtes Verfahren, um sich von Störungen des Feindes im Kopf zu befreien.

Neti neti

Neti neti ist ein Werkzeug, das der Gewohnheit der Identifikation entgegenwirkt und den Prozess unterstützt, die Schichten der falschen Vorstellungen und Annahmen darüber abzulösen, wer wir sind. Dahinter steht der Gedanke, dass sich unser wahres Wesen schließlich enthüllt, wenn wir unsere Identifikationen Schicht für Schicht abstreifen.

Wenn jemand Sie fragt: »Wer bist du?«, und Sie antworten: »Ich bin ein Handwerker«, sagen Sie damit nicht, wer Sie sind, sondern Sie nennen Ihren Beruf. *Neti neti.* Nicht dies, nicht das. Sie werden wieder gefragt: »Wer bist du?«, und dieses Mal antworten Sie: »Ich bin ein freundlicher Mensch.« Wieder sagen Sie damit nicht, wer Sie sind, sondern beschreiben nur eine Eigenschaft, die Sie besitzen. *Neti neti.* Nicht dies, nicht das.

Erneut ergeht die Frage an Sie: »Wer bist du?«, und Ihre Antwort lautet: »Ich bin ein Schwarzer.« Auch jetzt sagen Sie damit nicht, wer Sie sind, sondern identifizieren sich mit Ihrer Rasse und Ihrem Geschlecht. *Neti neti.* Nicht dies, nicht das.

Neti neti war für mich auch sehr hilfreich, um die Stimmen zu entwirren, aus denen sich der Feind in meinem Kopf zusammensetzte, das falsche Konstrukt, das mein Leben regierte. Ich hörte mich beispielsweise eine Meinung äußern, und wenn ich sie dann gründlich untersuchte, stellte ich fest, dass diese Ansicht in Wirklichkeit gar nicht meine war. Sie war ein Standpunkt, den ich gehört hatte, und da er damals richtig klang oder mich interessant erscheinen ließ, hatte ich ihn übernommen. *Neti neti* – nicht dies, nicht das. Nicht ich, nicht meins. Einiger Dinge konnte ich mich leicht entledigen; andere nahmen Jahre harter Arbeit in Anspruch. Bei einigen bedurfte es nur einer vorübergehenden praktischen Anwendung von Intelligenz.

Bei meiner ersten Indienreise machte mich beispielsweise die dortige Armut sehr unglücklich. Der Feind in meinem Kopf marterte mich mit einer Schuld, die mich fast erdrückte, aber mir wurde bald klar, wenn ich alles, was ich besaß, den Bettlern gab, würde ich nur mit ihnen zusammen auf der Straße landen.

Aber ich konnte nicht einfach die Augen verschließen: mein Herz war immer berührt. Im Andenken an meine Großmutter, die geholfen hatte, mich aufzuziehen, suchte ich mir also alte Frauen, und wenn ich Geld übrig hatte, teilte ich es mit ihnen. Ich glaubte, es würde sicherlich andere Menschen wie mich geben, die sich um die Kinder kümmerten, und wieder andere, die ein Herz für alte Männer oder Mütter mit kleinen Kindern hatten. Nach Jahren in Indien stellte ich fest, dass ich Recht behalten hatte. Die Bettler in Indien haben Menschen, die sich um sie kümmern. Sie finden einen Platz, wo man sie arbeiten lässt, einen Fleck, wo man für sie sorgt. Und wie wir alle finden sie ihren Weg, einen Tag nach dem anderen.

Besonders schwierig lassen sich Vorstellungen, Meinungen und Standpunkte erkennen, die uns von anderen eingeimpft wurden, besonders jene tief sitzenden, die sich in der Kindheit einnisten und von den Menschen stammen, die wir lieben. Ich weiß, dass mein Vater die Verpflichtung spürte, mich auf die Welt vorzubereiten und mir zu zeigen, was es bedeutete, ein Mann zu sein. Aber er gründete seinen selbst gebastelten Lehrplan auf eine Maxime, die ich beleidigend fand: »Tu nicht, was ich tue, sondern was ich sage.«

Ich hörte das eine und beobachtete das Gegenteil – und gelangte schließlich zum Ergebnis, dass man ein Mann war, wenn man lange Hosen trug, Zigaretten rauchte, Bier trank, arbeitete, heiratete, Kinder in die Welt setzte, ein guter Familienvater war, die eigenen Gefühle verbarg und viel darüber seufzte, wie schwer das Leben ist.

Nachdem ich ein Mann geworden war – der Initiationsritus bestand darin, mit einer Frau zu schlafen –, erkannte ich bald, dass das, was man mir über Männer gesagt hatte, Unsinn war. Also hörte ich einfach auf, hinzuhören. Ich beschloss, dass es eine lächerliche Idee war zu *lernen,* ein Mann zu sein: Ich war schon als einer geboren worden.

Die Verantwortung, so entschied ich, begann und endete mit mir.

Dieselbe Methode wendete ich auf Frauen an. In einer Familie wie meiner mischten sich damals die Frauen nicht darin ein, wie ein Vater seinen Sohn erzog. Wenn die Männer, die mir beibrachten, was es bedeutete, ein Mann zu sein, keine Ahnung vom Mannsein hatten – außer davon, wie man nett war und keinen Wind machte –, dann, so überlegte ich, hatten sie vermutlich auch keine Ahnung von Frauen. Ich wischte die Tafel leer und entschied mich, Erfahrungen mit Frauen aus erster Hand zu sammeln, während ich mein Leben lebte.

Neti neti hat mit Hinhören und Beobachten zu tun, damit, die Schränke auszukehren, die Spinnweben wegzufegen, die Stimmen zu identifizieren und alles wegzuwerfen, was falsch ist, bis das übrig bleibt, was wahr ist. Sie können *Neti neti* überall und zu jeder Zeit anwenden. Wie das Brunnenbohren ist es eine Technik, die Sie einsetzen können, um bis zum Fundament vorzustoßen, um Schicht um Schicht zu durchdringen, bis Sie schließlich bei der Quelle angelangt sind. Zu sehen, wer wir nicht sind, ist ein riesiger Schritt auf dem Weg zur Entdeckung, wer wir wirklich sind.

Im Tun verschwindet der Macher

Osho, mein Guru, war eine wunderbare Quelle von verborgenen Gesetzen und Prinzipien, die wirksam den Prozess unterstützen, sich aus den Klauen des Feindes im eigenen Kopf zu befreien.

Ein äußerst hilfreiches Gesetz lautet: »Im Tun löst sich der Macher auf.« Es ist keine Technik, um emotionale Befreiung zu erlangen – die Tiefen auszuloten wird vermutlich stärkere Maßnahmen erfordern, wie etwa den Urschrei oder das Einschlagen auf Kissen –, aber es bringt den Feind im Kopf für eine Weile zum Verstummen und gibt eine starke Vorahnung vom Duft des Seins, das jenseits des Denkens liegt.

Das Geheimnis besteht darin, alles, was man tut, total zu tun. Das ist ein Teil dessen, was die Euphorie bei Sportarten wie Jogging, Free Climbing, Wildwasserkanufahren oder Bungee-Springen hervorruft, oder der Freude, die daraus entsteht, wenn man sich voll und ganz ins Cellospielen, Gärtnern oder das Liebesspiel vertieft. In der Totalität des Tuns, dem vollständigen und äußersten Sicheinlassen auf eine Tätigkeit, schweigt das Denken – und damit auch der Feind in unserem Kopf. Dann offenbart sich das Sein, dessen Wesen Glückseligkeit ist. Deshalb fühlt es sich so gut an.

Es spielt keine Rolle, was Sie tun, solange Sie es total tun.

Nach ein paar Jahren in Indien ging ich mit einem Freund nach Montreal zurück mit dem Ziel, genug Geld zu verdienen, um für lange Zeit nach Indien zurückkehren zu können. Bei unserer Ankunft gaben wir unser gesamtes Geld für die Monatsmiete einer Parterrewohnung in der Innenstadt aus. Ein weiterer Freund, der Koch war, wollte ein kleines Restaurant eröffnen und schloss sich uns an. Wir wohnten zu dritt in den Räumen, während wir sie in ein Restaurant umfunktionierten.

Viel später erkannte ich, dass das Restaurant nur den Vorwand gebildet hatte und das Abenteuer in Montreal für mich im Wesentlichen eine Lektion in Vertrauen war. Von dem Augenblick an, in dem wir einzogen, prasselte das Leben auf uns ein; alles, was wir brauchten, kam einfach durch die Tür getanzt.

Reichte mir das, um mich zu entspannen und zu vertrauen? Offenbar nicht. Der Feind in meinem Kopf hatte nicht vor, so leicht zu kapitulieren, und die Strategie, die er benutzte, war das Essen.

Da unsere Speisekammer gewöhnlich leer war, machte ich mir zwanghaft Sorgen darum, wo die nächste Mahlzeit herkommen sollte. Kaum hatte ich das Mittagessen hinter mir, fing mein Verstand an, sich um das Abendbrot zu sorgen und mich mit der Behauptung zu quälen, dass es abends nichts zu essen geben würde. Das machte mich verrückt und alle anderen obendrein.

Eines Morgens in dem Schwebezustand zwischen Schlaf und Wachsein fiel mir wieder ein, was Osho über den Zustand gesagt hatte, in dem man sich auf eine körperliche Tätigkeit total einlässt – und wie in dieser Totalität der Macher verschwindet.

Ich sprang aus dem Bett und suchte nach der erstbesten körperlichen Betätigung, die unser in der Entstehung begriffenes Restaurant zu bieten hatte. Ich trieb eine Dose Farbe und einen Pinsel auf, hockte mich hin und begann, die Fußleisten zu streichen. Stück für Stück schob ich die Dose vorwärts, während ich mich an der Wand entlang vorarbeitete.

Wenn ein Gedanke aufkam und sich eine Sorge in meinem Kopf meldete, zwang ich mich, meine Aufmerksamkeit wieder auf das Streichen zu richten, und konzentrierte mich immer wieder von neuem so total, wie ich konnte, auf das Auftragen des burgunderroten Lacks, der vom Pinsel auf das Holz floss. Als ich zum Mittagessen gerufen wurde, hatte ich einen Augenblick Schwierigkeiten zu begreifen, dass Stunden verflossen waren und der Morgen bereits vorüber war.

Aber die Technik hatte funktioniert! Es hatte den ganzen Morgen kein Gefühl von »Ich« gegeben, kein Gefühl eines Machers hinter meinem Tun, keinen Feind in meinem Kopf, der sich wegen des Essens Sorgen machte. Ich hatte den Morgen in einem Zustand verbracht, in dem der Feind geschwiegen hatte und der Verstand als Manipulator beiseite geschoben worden war.

In den nächsten zwei Monaten bemühte ich mich sehr kontinuierlich darum. Bei jeder neuen Arbeit, sei es Hämmern, Sägen oder Schmirgeln, lenkte ich meine Aufmerksamkeit immer wieder auf die unmittelbar vor mir liegende Aufgabe zurück und schenkte meiner Fantasie und meinem bockigen Verstand keine Beachtung. Ganze Tage begannen friedlich dahinzufließen in einer entspannten, sorgenfreien Tätigkeit, bei der ich mehr schaffte als je zuvor.

Diese Erfahrung war mein erster Geschmack davon, auf eine völlig neue Weise zu leben – als Nichtmacher statt als Macher, als jemand, der mit dem Strom des Lebens fließt, statt als jemand, der versucht, gegen den Strom zu schwimmen. Zu lernen, den Fluss nicht zu drängen, ist eine der schwierigsten Lektionen im Leben, aber eine der wertvollsten, die jemand, der seine eigene Wirklichkeit sucht, je lernen kann.

Keine Beachtung schenken

In der Zeit, als wir das Restaurant in Montreal einrichteten, erkannte ich, dass das Gesetz »Im Tun verschwindet der Macher« eigentlich zwei Aspekte hat. Es gibt zwei

Gründe, aus denen es funktioniert. Ein Faktor ist das umfassende Bemühen, das wir in unser Tun hineinstecken; der andere, dass wir unserem Verstand keine Beachtung schenken.

Warum ist das wichtig? Weil unsere Beachtung die Nahrung bildet, die der Feind in unserem Kopf zum Überleben braucht. Dass Beachtung eine subtile Form von Nahrung ist, lässt sich leicht nachvollziehen. Jeder, der ein kleines Kind hat oder je Freunde mit Kindern besucht hat, weiß, dass Kinder wissen, wie sie Aufmerksamkeit auf sich ziehen – denn Beachtung ist Nahrung, um das Ego zu entwickeln. Und warum suchen und begrüßen wir als Erwachsene die Aufmerksamkeit des geliebten Menschen? Wir tun es, weil seine Beachtung Nahrung für die Psyche ist; sie nährt unser Herz und unsere Seele. Wenn Sie *Das geheime Leben der Pflanzen* von Peter Tompkins und Christopher Bird kennen und mit ihren Hypothesen experimentiert haben, wissen Sie, dass Sie mit Ihrer Beachtung sogar Ihre Zimmerpflanzen nähren und ihr Wachstum unterstützen.

Beachtung ist auch Nahrung für den Feind in Ihrem Kopf – ganz gleich, ob es die Aufmerksamkeit anderer oder Ihre eigene ist. Um den Feind in Ihrem Kopf zu entwaffnen, müssen Sie aufhören, ihn zu füttern. Schenken Sie seinen Störungen, seinen Versuchen, gegen Sie zu arbeiten, Ihnen Wertlosigkeit oder negative Gefühle über Sie einzureden, keine Beachtung. Wenn Sie diese Übung mit Bewusstheit kombinieren, können Sie den Feind nicht nur aushungern, sondern auch alle ärgerlichen Verhaltensweisen oder Angewohnheiten neutralisieren, ohne die Sie glücklicher wären.Vor Jahren mochte ich mich nicht allzu sehr. Das spiegelte sich in meinem Verhalten: darin, wie ich andere behandelte. Ich hatte immer ein scharfes Auge für die Schwächen anderer, und das, zusammen mit einer angeborenen Tendenz, kein Blatt vor den Mund zu nehmen, ergab eine tödliche Kombination. Wenn jemand einen wunden Punkt bei mir erwischte, konnte ich ihn aus der anderen Zimmerecke zerfetzen. Es wurde zu einer Gewohnheit – fast wie eine Partylaune, wenn man ein paar Gläser getrunken hat –, und ohne es zu wollen, verletzte ich Menschen oft sehr massiv. Es war einfach kein Abstand da, niemand, der mich zurückhielt.

Ich nehme immer noch kein Blatt vor den Mund und kann, wenn es nötig ist, schroff sein – beispielsweise wenn ich aufdringliche Tür-zu-Tür-Missionare verscheuche oder meinen Luftraum gegen den Krach der Nachbarn verteidige. Ich sage weiterhin, was ich denke. Es kann als Weckruf gedacht sein, aber es soll nicht länger verletzen.

Unerwünschte Gewohnheiten oder Muster neutralisiert man, indem man sie nicht nährt. Wie ich von Osho gelernt habe, besteht die Kunst darin, sie einfach nur zur Kenntnis zu nehmen.

Wenn wir etwas an uns sehen, was wir nicht mögen, haben wir automatisch den Impuls, darüber nachzudenken und es auf der Suche nach einer Lösung innerlich durchzukauen; ihm mit anderen Worten Beachtung zu schenken. Das ist kontraproduktiv; es bedeutet nur, Öl ins Feuer zu gießen und noch eine weitere Portion auf den bereits überladenen Teller der Gewohnheit zu häufen. Nehmen Sie die Gewohnheit einfach zur Kenntnis, registrieren Sie, was geschehen ist, seien Sie sich dessen bewusst, was sich ereignet hat – und dann lassen Sie es fallen. Sagen Sie sich einfach: »Sieh mal einer an, ich habe es schon wieder getan«, dann lassen Sie es los und gehen weiter.

Dieses Zurkenntnisnehmen, die einfache Bewusstmachung, wirkt wie eine Laseroperation. Nach ein paar Behandlungen werden die unerwünschten Gewohnheiten oder Muster Sie nie mehr heimsuchen.

Als ich zum ersten Mal versuchte, meine böse Zunge im Zaum zu halten, war es zu spät. Plötzlich waren die Worte draußen und auf ihrem Weg zum Ziel. »Schon wieder!«, sagte ich mir, und dann machte ich eine bewusste Anstrengung, es loszulassen und nicht bei dem stehen zu bleiben, was ich getan hatte, sondern einfach weiterzugehen. Anschließend begann ich, die Worte abzufangen, bevor ich sie äußerte. Ich fühlte, wie sie mir auf der Zunge lagen und darauf warteten, herauszukommen. Also nahm ich sie zur Kenntnis: »Sieh an, beinahe schon wieder!« – und ging weiter.

Mit der Zeit war ich imstande, sie schon zu registrieren, wenn sie anfingen, in meinem Kopf Gestalt anzunehmen – und später, wenn sie anfingen, im Innern als Emotion zu entstehen. Jedes Mal nahm ich das, was geschah, zur Kenntnis und ging weiter. Und dann war es eines Tages vorbei. Ich machte nie mehr ungewollt meinen Mund auf.

Um die Macht der Nichtbeachtung in der Praxis zu sehen, schauen Sie sich den Film *A Beautiful Mind – Genie und Wahnsinn* an, die inspirierende Geschichte des amerikanischen Mathematikers John Nash, der 1994 den Nobelpreis für Ökonomie erhielt. Das ist ein Film, bei dem es darum geht, den Feind im Kopf zu neutralisieren.

Nashs Fall war extrem, doch er ist vergleichbar mit der

Lage, in der wir uns alle befinden, wenn auch in einem sehr viel geringeren Maß. Der Feind in meinem und Ihrem Kopf kann sich in Form von Stimmen äußern, als Echos der Vergangenheit. Aber für Nash waren diese Stimmen so lebendig und wirklich wie die Frau, die er liebte, und die Schüler, die er unterrichtete. Und schließlich übernahmen sie die Regie in seinem Leben. Mit der Diagnose »paranoide Schizophrenie« wurde er in eine Anstalt eingeliefert und mit Elektroschocks behandelt. Mithilfe der Schocks wollte man ihn wieder in die Wirklichkeit zurückholen.

Nash wurde schließlich entlassen und bekam starke Medikamente. Da ihn die Medikamente arbeitsunfähig machten, hörte er jedoch auf, sie zu nehmen. Seine Feinde tauchten wieder auf, aber er weigerte sich, noch einmal in eine Klinik zu gehen. Er schwor sich, seinen Verstand zu benutzen, um seinen Verstand zu besiegen. Genau davon spreche ich, und genau so ging er vor.

Gegen Ende des Films fragte ihn ein Freund an der Princeton University, wo Nash lehrte, ob die Feinde in seinem Kopf verschwunden seien.

»Nein, sie sind nicht weg«, antwortete er. »Vielleicht werden sie niemals weggehen. Aber ich habe mich daran gewöhnt, sie zu ignorieren, und ich glaube, das Ergebnis ist, dass sie mich aufgegeben haben … Man muss sie ständig füttern, um sie am Leben zu erhalten.«

2

Überzeugungen sind Sackgassen

Jeder von uns wird in ein bestimmtes Glaubenssystem hineingeboren. Wir öffnen unsere makellosen kleinen Augen, und liebevoll schaut uns unsere braun- oder weißhäutige Mutter an, eine Irakerin oder Amerikanerin, Christin, Hindu oder Buddhistin – eine Mutter, die ebenso wie wir mit hoher Wahrscheinlichkeit dazu erzogen wurde, unkritisch die Bekenntnisse und Normen zu übernehmen, durch die sich ihr jeweiliges Glaubenssystem, das auch bald das unsere sein wird, von dem anderer unterscheidet. Wenn wir nicht zu uns selbst finden, steht das Drehbuch von da an fest – und wir sind dazu verurteilt, unser ganzes weiteres Leben lang die Rolle eines Blinden in einer Sackgasse zu spielen.

Schauen Sie sich die Abendnachrichten im Fernsehen an. Was dort an uns vorüberzieht, ist der endlose Zusammenprall von Glaubenssystemen: Israelis gegen Palästinenser, Inder gegen Pakistani, irische Katholiken gegen irische Protestanten, islamische Fundamentalisten gegen amerikanische Imperialisten. Es gibt Gründe, die öffentlich genannt werden – der Krieg gegen den Terror, der Kampf um Unabhängigkeit oder die Entmachtung eines anmaßenden Diktators – und geheime Motive, wie den Zugang zu Öl und Freihandelsabkommen, aber die zugrunde liegenden Konflikte wurzeln unweigerlich in der Überzeugung: »Ich weiß, dass ich Recht habe und du Unrecht hast.« Und dasselbe Spiel läuft schon seit Tausenden von Jahren.

Aber nie gibt es eine wirkliche Lösung, und nie gewinnt jemand. Es gibt immer nur noch mehr Macht für die persönlichen Interessen, mehr Kriegsspiele für die Jungen, mehr Profit für die Waffenfabrikanten, mehr wehende Fahnen für das Publikum und ein erbarmungsloses Abschlachten und daraus resultierenden Kummer für unschuldige Menschen. »Wenn die Blinden die Blinden führen, werden beide in die Grube fallen«, heißt es in Matthäus 15,24. Genau das ist bei uns der Fall.

Was können wir also tun? Was die politische Einflussnahme angeht, wenn Sie in einer so genannten Demokratie leben: nicht sehr viel. Sie können Ihren Wahlzettel abgeben, und wenn Sie nicht bereit sind, ein öffentliches Amt zu übernehmen, dann war das so ziemlich alles, denn – falls Sie es noch nicht bemerkt haben sollten – sobald die Politiker an der Macht sind, haben wir Wähler nichts mehr zu sagen. Sie können an Ihren Abgeordneten schreiben, Zeitungen mit Leserbriefen bombardieren, Plakate vor Botschaften aufhängen, bei Versammlungen Parolen rufen oder an Demonstrationen teilnehmen, aber nichts davon spielt eine große Rolle in unseren so genannten Demokratien, wie die Demonstrationen gegen die Invasion im Irak der übrigen Welt bewiesen haben. Die Parteien verfolgen ihre eigenen Vorstellungen. Was das Volk denkt oder will, darum schert sich kaum noch jemand.

Gibt es überhaupt nichts, was wir tun können? Doch. Wir können vielleicht nicht das System ändern, aber wir können uns selbst ändern. Wir können aufhören, unsere Aufmerksamkeit darauf zu richten, den Zustand der Nation zu betrauern, um stattdessen zu entdecken, wer wir wirklich sind. Wir können aufhören, dem wahnsinnigen Chaos, das die Menschheit aus dieser Welt gemacht hat, die Macht zu geben, uns in Besorgnis und Niedergeschlagenheit zu versetzen. Das ist Zeit- und Energieverschwendung.

Was wir tun können, ist zu lernen, *in* der Welt zu sein, aber nicht *von* ihr zu sein – eine Haltung, die im Buddhismus die Lotusblume symbolisiert. Die Wurzeln des Lotus reichen tief in den Schlamm, aber die Blume erhebt sich hoch über die Oberfläche des schlammigen Wassers, unberührt und unbeschadet.

Seien Sie in der Welt, aber nicht von ihr. Gehen Sie zur Wahl, um Ihre Meinung zum Ausdruck zu bringen – in Australien belegt die Regierung die Leute mit einem Bußgeld, wenn sie nicht wählen, und führt sie irre, wenn sie wählen –, und dann setzen Sie Ihre Lebensenergie dafür ein, sich selbst zu verändern. Authentische Menschen sind selten; sie sind wie Leuchtfeuer in dieser sich verdunkelnden Welt. Schweben Sie über dem Sumpf und dem Schlamm. Gewinnen Sie Bewusstheit – werden Sie ein Genie des Innern, statt ein Genie in öffentlichen Angelegenheiten.

Nicht jeder kann ein Michael Moore sein; nicht jeder hat Ideen für Bücher wie *Stupid White Men* und *Volle Deckung, Mr. Bush* oder für einen Dokumentarfilm wie *Bowling for Columbine;* nicht jeder kann in diesem Ausmaß ein das Gewissen aufrüttelnder Unruhestifter sein. Aber Sie können sich selbst verändern. Und in Ihrem Freundes- und Kollegenkreis können Sie zu einer Inspiration und einem Katalysator der Veränderung werden: zu einer Insel des Lichts in diesem Meer der Düsternis. Ein wichtiger Schritt hin dazu, in der Welt zu leben, aber nicht von ihr zu sein, besteht darin, sich dem Feind in Ihrem Kopf zu stellen und anzufangen, so authentisch wie möglich zu leben. Ein weiterer Schritt besteht darin, Ihrer programmierten Neigung zu blindem Glauben entgegenzutreten. Werfen Sie einen langen, schonungslosen Blick auf den Glauben. Untersuchen Sie ihn. Setzen Sie ihn dem Licht aus und sehen Sie ihn als das, was er ist. Glaube ist eine Sackgasse, eine Fessel. Er ist ein Leben in Ketten, geschmiedet aus Vorstellungen und Ideen, die nicht einmal Ihre eigenen sind. In uns allen liegt die Macht, diese Fesseln, die uns binden, zu durchschneiden – denn sie sind in der Tat illusionär.

Im *Osho Zen Tarot* gibt es eine Karte, die *Der Außenseiter* heißt. Ein kleiner Junge späht wehmütig durch ein geschlossenes Gittertor mit Vorhängeschloss und Kette hinaus auf eine regenbogenfarbene Welt, aber bei genauerem Hinsehen wird deutlich, dass das Tor gar nicht verschlossen ist. Das ist unser aller Lage.

Jeder beginnt am selben Punkt. Von der Wiege an werden wir angehalten, das, was eine höhere Autorität uns erzählt, unhinterfragt als wahr zu akzeptieren. Anfangs besteht diese Autorität aus unseren Eltern, unserer engsten Familie. Wenn wir älter werden, dehnt sich die Kontrolle über das Elternhaus aus und schließt Lehrer, Arbeitgeber sowie Institutionen, wie Kirche und Staat, und selbst Zeitschriften ein, die uns sagen, was wir denken, essen oder anziehen sollen.

In meiner Kindheit galt alles, was wir zu Hause im Radio oder Fernsehen hörten oder was ein Politiker, Arzt oder Geistlicher von sich gab, als das Evangelium.

Ich möchte Oliver Stones 1989 gedrehten Film *Geboren am 4. Juli* anführen, der auf der Autobiographie von Ron Kovic beruht, dem jungen Mann, der von der Taille abwärts gelähmt aus Vietnam zurückkehrte. Im Film macht sich der junge Kovic, gespielt von Tom Cruise, in einem Anflug von Patriotismus bereit, sich zum Kriegsdienst zu melden. Eine Szene im Wohnzimmer der Familie illustriert das herrschende Glaubenssystem. »Der Kommunismus muss gestoppt werden«, sagt seine Mutter zu ihm. »Es ist Gottes Wille, dass du gehst.« Da bleibt kein Raum für Zweifel oder Ausreden. Gott und die Mutter – die höchsten Autoritäten im Pantheon des Glaubens – sind beschworen worden.

Warum lassen wir zu, in Formen gepresst und manipuliert zu werden und an den Strippen eines Marionettenspielers zu hängen? Einem unschuldigen Kind oder einem beeindruckbaren Jugendlichen kann man das nicht verübeln, aber warum lassen die meisten Menschen zu, dass es ihr Leben lang so weitergeht?

Kommt es daher, dass ein Glaubenssystem einen Halt bietet, der uns ein Gefühl von Sicherheit gibt, das Gefühl, dass eine höhere Macht über uns wacht? Steht dahinter der Drang, dazuzugehören, akzeptiert zu werden, in der Gruppe aufzugehen? Fürchten wir uns davor, entlarvt zu werden, für uns selbst einzustehen und anders zu sein als die anderen? Handelt es sich um geringe Selbstachtung, oder liegt es an unserer Faulheit, weil es leichter ist zu folgen, als selbst zu denken?

Alle diese Rechtfertigungen haben einen gemeinsamen Nenner – Angst. In Michael Moores preisgekröntem Dokumentarfilm *Bowling for Columbine* gibt es ein wunderbares Cartoon über die Geschichte der USA, das anschaulich die vorherrschende Angstkultur in Amerika mit der weit verbreiteten Vernarrtheit in Gewehre in Verbindung bringt. Angst ist ein Hauptthema des nächsten Kapitels. So möge es für den Augenblick genügen zu sagen, dass Angst, ganz gleich, wie es an der Oberfläche erscheinen mag, wenig mit dem Gegenstand der Angst und sehr viel mit der Angst selbst zu tun hat.

Anfang 2003 bestand die kollektive Taktik eines Trios von führenden amerikanischen Politikern darin, aus der vorherrschenden Angst vor dem Terrorismus Kapital zu schlagen – indem diese Politiker die Tragödie vom 11. September als Druckmittel benutzten und die Wahrheit großzügig zurechtbogen, um die Invasion im Irak zu rechtfertigen. Täuschung gehört seit Generationen zu den effektiven politischen Werkzeugen. Schon 1916 stellte Mark Twain in seinem Buch *Der geheimnisvolle Fremde* fest:

> Als Nächstes werden Staatsmänner billige Lügen erfinden und der angegriffenen Nation die Schuld geben, und alle werden über diese das Gewissen besänftigenden Lügen froh sein, sie fleißig studieren und sich weigern, sich mit irgendwelchen anders lautenden Beweisen auseinander zu setzen. Auf diese Weise werden sich alle nach und nach einreden, dass der Krieg gerecht ist, und Gott für den bes-

seren Schlaf danken, den sie nach diesem Prozess der grotesken Selbsttäuschung haben.

Die folgende Einsicht in manipulierendes politisches Denken wurde dem Psychologen und Autor des *Nürnberger Tagebuchs* Gustave Gilbert bei einem Gespräch mit Reichsmarschall Hermann Göring zuteil, als dieser in seiner Zelle auf seinen Prozess als Kriegsverbrecher wartete. Gilbert schreibt:

> Wir kamen dann wieder auf das Kriegsthema, und ich sagte, dass ich glaubte, im Gegensatz zu seiner Einstellung sei das einfache Volk nicht dankbar für Führer, die ihm Krieg und Zerstörung bescheren.
>
> »Nun, natürlich nicht, das *Volk* will keinen Krieg«, sagte Göring achselzuckend. »Warum sollte irgendein armer Landarbeiter im Krieg sein Leben aufs Spiel setzen wollen, wenn das Beste ist, was er dabei herausholen kann, dass er mit heilen Knochen zurückkommt? Natürlich, das einfache Volk will keinen Krieg; weder in Russland, noch in England, noch in Amerika, und ebenso wenig in Deutschland. Das ist klar. Aber schließlich sind es die Führer eines Landes, die die Politik bestimmen, und es ist immer leicht, das Volk zum Mitmachen zu bringen, ob es sich um eine Demokratie, eine faschistische Diktatur, um ein Parlament oder eine kommunistische Diktatur handelt.«
>
> »Nur mit einem Unterschied«, entgegnete ich. »In einer Demokratie hat das Volk durch seine gewählten Vertreter ein Wort mitzureden, und in den Vereinigten Staaten kann nur der Kongress einen Krieg erklären.«

»Oh, das ist gut und schön, aber das Volk kann mit und ohne Stimmrecht immer dazu gebracht werden, den Befehlen der Führer zu folgen. Das ist ganz einfach. Man braucht nichts zu tun, als dem Volk zu sagen, es würde angegriffen, und den Pazifisten ihren Mangel an Patriotismus vorzuwerfen und zu behaupten, sie brächten das Land in Gefahr. Diese Methode funktioniert in jedem Land.«

Und wie sieht es mit dem Lug und Trug aus, den man braucht, um ein öffentliches Amt zu erlangen? Ein aktuelles Beispiel für üble politische Machenschaften bietet das Buch *Dark Victory* von den Reportern Marian Wilkinson und David Marr. Sie konzentrieren sich darin auf Australiens unmenschlichen Krieg gegen Asylsuchende und dokumentieren, wie die knausrige Regierung von Premierminister John Howard Australiens Grenzen herzlos vor einem sinkenden Boot von verzweifelten Flüchtlingen schloss, auf diese Weise eine Reihe unschuldiger Menschenleben opferte und dann schamlos Angst und Rassismus ausspielte, um die bevorstehenden Wahlen zu gewinnen.

Oder wie steht es mit der illegalen Ungültigkeitserklärung von Wählerstimmen in Florida bei der Präsidentschaftswahl 2000, von der der im Jahre 2002 gedrehte Dokumentarfilm *Counting on Democracy* handelt? Er wirft die Frage auf: Was ist mit der Demokratie geschehen, der großen Vision einer »Regierung des Volkes, vom Volk und für das Volk«, die Abraham Lincoln in Gettysburg verkündete?

Glaubt man dem im Jahre 2003 ernannten amerikanischen Staatssekretär für Geheimdienstinformationen und fundamentalistischen Christen Generalleutnant William »Jerry« Boykin, dann hat »Gott« die Dinge selbst in die Hand genommen. »Warum ist dieser Mann (Bush) im Weißen Haus? Die Mehrzahl der Amerikaner hat ihn nicht gewählt«, sagte er in einer vom *Sydney Morning Herald* im Oktober 2003 zitierten Rede. »Er ist im Weißen Haus, weil Gott ihn in Zeiten wie diesen an diesen Platz gestellt hat.« Vielleicht sollte man sein Ministerium umtaufen oder seine Stellenbeschreibung noch einmal neu überdenken.

In Großbritannien enthüllte eine nationale Meinungsumfrage des *Sunday Telegraph*, dass sich mehr als zwei Drittel der Wähler von Tony Blairs Regierung getäuscht fühlten im Hinblick auf die Bedrohung, die von Saddam Hussein ausging. Diese Täuschung, die durch den Tod des Waffenexperten David Kelly noch deutlicher wurde, hat das Vertrauen in die Regierung ernsthaft untergraben.

In Australien schien der Irakkrieg »dem Volk« hingegen gleichgültig zu sein. Vielleicht hat sich das Volk hier auch dermaßen daran gewöhnt, von den gewählten Politikern belogen zu werden, dass es vergessen hat, welche anderen Möglichkeiten es gibt.

Ende Juli 2003 schrieb der Kolumnist Hugh Mackay im *Sydney Morning Herald* in einem Kommentar über die offenkundige Apathie der australischen Wähler und den Bonus, den die Regierung daraus bezieht:

> Wenn die nationale Stimmung so wie im Augenblick ist, kommt die Regierung sogar mit einem Mord davon. Je verworrener die Irakgeschichte im Nachhinein wird,

desto stärker wird die Position des Premierministers. Der Glaube an die politische Führung – oder an überhaupt eine Führung – ist ein bequemer Ausweg: Es erspart einem die Mühe, die Spreu vom Weizen zu trennen und sich ein eigenes Urteil zu bilden.

Einige Dinge sind wichtig, andere nicht. Es spielt keine Rolle, wie lang oder kurz Ihr pubertierender Sohn sein Haar tragen will ... Aber es spielt zweifellos eine Rolle, dass die Regierung uns schon wieder belogen hat. Und selbst wenn wir unbeabsichtigt irregeführt wurden, spielt es eine Rolle, dass ernsthafte Fragen über die Gründe einer Irakinvasion vom Tisch gewischt werden können, als wenn sie belanglos wären, und diejenigen, die sie stellen, kein Recht darauf haben, angehört zu werden.

Wie es um die Wahrheitsverpflichtung von Regierungen bestellt ist, fasste der französische Kaiser und Diktator Napoleon so zusammen: »Wenn eine autoritäre Regierung zu einer Stellungnahme aufgefordert wird, schweigt sie ... Wenn eine parlamentarische Regierung zu einer Stellungnahme aufgefordert wird, lügt sie schamlos.« Und was die Leistungen der US-Präsidenten der jüngsten Vergangenheit angeht, öffnet einem der Verlogenheitsindex, der vom *Washington Monthly* zusammengestellt wird, die Augen.

Wo ist die Integrität geblieben? In der politischen Arena scheint sie der arroganten Scheinheiligkeit Platz gemacht zu haben. Wir lesen von führenden amerikanischen Politikern, die für sich in Anspruch nehmen, »engagierte« oder »wiedergeborene« Christen zu sein, und die doch schamlos den Geboten zuwiderhandeln, auf denen die

Religion gründet, der sie sich derart von ganzem Herzen verschrieben haben. Was ist mit: »Du sollst nicht töten« oder »Du sollst kein falsches Zeugnis ablegen wider deinen Nächsten«? Haben wir anderen hier etwas nicht begriffen? Vielleicht gelten diese christlichen Gebote nicht, wenn man andere – wie Soldaten oder Geheimdienstagenten – einsetzen kann, um sie stellvertretend zu brechen. Vielleicht kann man dann die Sonntagsgesänge und -predigten genießen und sich in dem Glauben wiegen, dass man, genau genommen, nicht *selbst* gegen irgendeines von Gottes Geboten verstoßen hat.

Ich würde gern glauben, dass das zunehmende öffentliche Bewusstsein von lügenden Politikern, pädophilen Priestern, sadistischen Nonnen, Medienmanipulation und schamlosen Unternehmensbetrügereien die Glaubwürdigkeit vieler dieser altehrwürdigen Institutionen, denen die Menschen gewöhnlich vertrauen, unterhöhlt hat – aber das ist offensichtlich Wunschdenken.

Was der Wirklichkeit vermutlich näher kommt, ist, dass die überwiegende Mehrheit der Menschen wie anno dazumal in dem Glaubenssystem der Familie, Gesellschaft und Religion verharrt, in das sie hineingeboren wurden. Tatsächlich ist das der einfachste und am wenigsten lästige Weg. Die eigenen Überzeugungen zu hinterfragen und sich die Klarheit der Sicht anzueignen, die notwendig ist, um die Wahrheit zu entdecken, bedeutet harte persönliche Arbeit.

Dennoch gibt es viele, die die Überzeugungen der Mehrheit und die Sicherheit der Herde verlassen. Generationen von jungen Erwachsenen sind angezogen von anderen Weltanschauungen auf der Suche nach einem

Standpunkt, der mit ihrer eigenen Sicht übereinstimmt, einem Denkansatz, der verstärkt, wie sie sich fühlen. Die Wahlmöglichkeiten sind unbegrenzt. Es gibt eine alternative Weltanschauung für jeden, der mit derjenigen unzufrieden ist, die er oder sie loswerden will. Und es muss sich nicht einmal um eine religiöse, soziale oder politische handeln. Ich habe Menschen kennen gelernt, die Dinge wie Feng Shui, Makrobiotik, Gruppentherapie, Hatha Yoga und amalgamfreie Zähne zur Weltanschauung erklären.

Das Glück war mir gnädig: Auf mich wartete kein weiteres Glaubenssystem, als ich mich auf die Suche machte. Das Leben führte mich nach Indien zu einem Guru, der mir sagte, dass Glaube geborgtes Wissen sei und man niemandem, auch ihm nicht, blind vertrauen solle. »Frage, zweifle, untersuche«, sagte Osho zu mir. »Trau nur deiner eigenen Erfahrung. Zieh deine eigenen Schlussfolgerungen.«

Er gab mir auch den Rat, immer die Quelle zu nennen, wenn ich etwas wiederholte, was nicht meiner eigenen Erfahrung entsprach. Noch Jahre danach war meine Unterhaltung mit verbalen Fußnoten gespickt, aber mit zunehmender Lebenserfahrung und Weisheit begann ich immer mehr, aus meiner eigenen Autorität heraus zu sprechen. Ich bin dankbar für diesen Rat. Er verlieh meiner Kommunikation eine neue Wahrhaftigkeit und half mir, authentisch zu werden.

Sie können niemals eine ausgewogene Persönlichkeit werden, solange Sie von dem Feind in Ihrem Kopf und dem jeweiligen Denksystem gesteuert werden, das zu akzeptieren er programmiert wurde. Die Vielzahl von Stimmen, die dem Feind seine Struktur und sein Format geben, werden Sie weiter hierhin und dorthin treiben, Ihnen vorschreiben, was Sie sagen oder nicht sagen und wie Sie sein und nicht sein sollen.

Als jemand, der in der Öffentlichkeitsarbeit tätig war, bevor die Wirklichkeit bei ihm anklopfte, kannte ich dieses Verfahren gut. Da ich immer die Interessen eines Kunden zu vertreten hatte und bei meinem Gesprächspartner gewöhnlich etwas erreichen wollte, sagte ich das, was der andere gern hörte. Viel von meinem Berufs- und Privatleben beinhaltete, dass ich mich dem anpasste, was andere meiner Meinung nach von mir hören wollten.

Nach der »Restaurantphase« in Montreal und nachdem der Plan, genug Geld zu verdienen, um nach Indien zurückkehren zu können, gescheitert war, versuchte ich, einen Teilzeitjob in Toronto zu finden, wo ich früher gearbeitet hatte.

Eine Zeitlang folgte ein ergebnisloses Vorstellungsgespräch auf das nächste, aber es war trotzdem nie vergeudet. Ich begann bald festzustellen, dass ich immer derselbe blieb, ganz gleich, mit wem ich sprach: einem zukünftigen Arbeitgeber, einem zufälligen Bekannten oder einem alten Freund. Die Meditation und die innere Arbeit hatten mich verändert. Ich agierte jetzt von einem Ort aus, der ehrlich, authentisch und unerschütterlich war. Mein äußeres Leben war zu einer Reflexion eines inneren, ausgewogenen Ichs geworden.

Ein Glaubenssystem kann Ihnen nicht helfen, mit sich selbst eins zu werden. Es kann Ihnen nicht zur Echtheit verhelfen. Es verleiht Ihnen keine Würde. Ein blinder Glaube erniedrigt Sie. Er stellt sein Dogma über Sie; das

System und seine Anhänger sind wertvoller und wichtiger als Sie. Und meiner Ansicht nach grenzt es ans Kriminelle, dass die größten Täuschungen im Namen Gottes stattfinden.

Es ist offensichtlich an der Zeit, uns mit »Gott« zu befassen, einem Wort, das in jeder Sprache belastet ist. Für mich beschwört es all den Unsinn herauf, der so früh wie möglich in der Kindheit gesät wird, die Saat einer lebenslangen Manipulation und Kontrolle.

Das Adjektiv »gottesfürchtig« sagt halbwegs alles. Als ich »gottesfürchtig« in mein Computer-Wörterbuch eintippte, erschienen als Synomyme »verklärt, glückselig, gesegnet, fromm, heilig, rechtschaffen, tugendhaft, würdig« – ausnahmslos positive Alternativen für ein Wort, das ich für negativ halte und das veranschaulicht, wie tief in unserer Kultur die destruktive Prägung durch die etablierten Religionen Wurzeln geschlagen hat. Die Vorstellung eines Gottes zu fördern, den man fürchten muss, ist gleichbedeutend mit spirituellem Terrorismus. Es ist nichts anderes als die Unterjochung der Massen mithilfe von emotionaler Schikane und psychologischem Zwang. Und doch ist diese pervertierte Form von Frömmigkeit eine der wichtigsten Plattformen, auf denen Politiker ihr öffentliches Selbstbild begründen. Kirche und Staat mögen auf dem Papier getrennt sein, aber auch nur dort. Warum sonst achten führende Politiker in Amerika darauf, dass die Medien es vermerken, wenn sie zur Kirche gehen? Ich glaube, sie sind sich voll und ganz der unterschwelligen Wirkung auf ein Wählervolk bewusst, das zu Hause sitzt und beobachtet, wie direkt auf ihrem Bildschirm die eine höhere Autorität mit der anderen kommuniziert.

Der Gott meiner Kindheit war ein weißhaariger Spion im weißen Gewand. Er beobachtete mich überall, sogar auf der Toilette, ein unsichtbarer himmlischer Punktrichter, der bei der kleinsten Sünde auf Rache sann. Aber er terrorisierte mich nicht allzu lange. Als ich in die Grundschule kam, hatte ich ihn in dasselbe Fantasiereich verwiesen wie den Nikolaus und den Osterhasen.

Das ging allerdings nicht ohne Schmerzen ab, wie es bei konstruktiven Neuanfängen meist der Fall zu sein pflegt. Jede Nacht betete ich auf meinen kleinen Knien zu »unserem Vater im Himmel« und weinte mich in den Schlaf, weil alle außer mir eine Mutter hatten. Sie ist im Himmel bei Gott, sagte man mir, bei demselben Gott, der meine nächtlichen Gebete ignorierte. Ich begann den Verdacht zu schöpfen, dass er mich nicht beachtete, weil er gar nicht existierte. Nachdem meine zweite Mutter gestorben war, beschloss ich, es herauszufinden.

In meiner Heimatstadt gab es einen lokalen Radiosender, der vor allem Country- und Westernmusik spielte. Ein Song gab mir Hoffnung. »Hallo Zentrale«, hieß es im Text, »verbinden Sie mich mit dem Himmel, denn ich weiß, dass meine Mutter dort ist. Sie ist bei den Engeln, die um den goldenen Thron herumstehen.«

Damals wurden Telefonverbindungen noch per Hand gestöpselt. Die unsichtbare Stimme einer Frau, die man »Telefonzentrale« nannte, stellte die Verbindung her. Und so schleppte ich eines Nachmittags einen Hocker zum Wandtelefon, stieg hinauf, hob den Hörer ab, wählte die Drehscheibe und verlangte in der erwachsensten Stimme, die mir zur Verfügung stand, die Zentrale, um mich mit meiner Mutter verbinden zu lassen. »Du findest sie bei den Engeln, die um den goldenen Thron herumstehen«, sagte ich.

Der Dame in der Telefonzentrale, so berichtete man mir später, fehlten die Worte. Nach einem Augenblick betretenen Schweigens sagte sie mir, sie würde mir gern helfen, aber es gebe keine Telefonverbindung zum Himmel, und dann fragte sie, ob sonst noch jemand zu Hause sei.

Inzwischen stand schon meine Großmutter neben mir; sie hatte mitbekommen, dass ich mit jemandem gesprochen hatte, als sie die Treppe herunterkam. Sie nahm mir freundlich den Hörer aus der Hand, dankte der Dame in der Zentrale, legte den Hörer auf die Gabel und schloss mich in die Arme. Doch ich wusste nun, während ich an ihren ausladenden Busen gelehnt auf dem Hocker stand, dass der »Gott« meiner Familie und der Sonntagsschule so wie der Nikolaus und der Osterhase nur eine Erfindung, ein Schwindel, war.

Eine Freundin erzählte mir, dass sie in einem ähnlichen Alter zum selben Ergebnis gekommen war. Jüdisch und in einem Glauben aufgezogen, der stark mit Schuld arbeitete, wurde sie der Drohungen müde, was Gott alles tun würde, wenn sie nicht spurte.

»Eines Tages ging ich in den Hof, legte mich ins Gras, hob meine kleine Faust gegen den Himmel und schrie jedes Schimpfwort, das ich kannte«, sagte sie. »Dann schloss ich die Augen und wartete darauf, dass Gott losschlagen würde. Ich wartete eine halbe Stunde, aber natürlich passierte nichts. Also stand ich auf, wischte mir die Hände ab, und damit war für mich die Sache mit Gott erledigt.«

Inzwischen scheint es, dass amerikanische Herzspezialisten am Duke University Medical Center zum selben Ergebnis gekommen sind wie meine ehemalige Freundin und ich. In einer dreijährigen Studie, über die der Londoner *Telegraph* im Oktober 2003 berichtete, dem so genannten Mantra-Projekt, beteten zwölf Gebetsgruppen – darunter buddhistische Mönche, moslemische Sufis, amerikanische Christinnen, christliche Mütter und Karmeliterinnen – zu Gott um Heilung für 750 Patienten, die sich einer Herzoperation unterziehen mussten. Um auch nichts auszulassen, wurden die Gebete sogar per E-Mail nach Jerusalem geschickt und an die Klagemauer gelegt. Am Ende der Studie konnte man keinen Beweis dafür finden, dass die Gebete irgendeine Rolle bei der Heilung der Kranken spielten. Es gab keine signifikanten Unterschiede bei der Genesung, ganz gleich, ob für die Patienten, die an der Studie teilnahmen, gebetet wurde oder nicht.

Ich ziehe den Begriff »Existenz« dem Wort »Gott« vor – nicht nur weil das Wort Gott mit einer Jahrtausende alten Bürde behaftet ist, sondern auch, weil die traditionelle Sicht Gottes kindisch und anthropomorph ist. Wir sind gar nicht nach Gottes Ebenbild geschaffen, sondern wir sind nur fähig, ihn durch unsere Brille zu sehen, ihn so zu sehen, wie wir uns selbst sehen.

Bitten Sie einen Hindu, Ihnen ein Bild von Gott zu malen. Er wird Ihnen kein Porträt zeichnen, das wie Charlton Heston aussieht. Der Mensch stellt sich Gott nach seinem Ebenbild vor. Nichts weiter geschieht, als dass ein Teil der Existenz sein Ebenbild auf das Ganze projiziert.

Projektion ist ein fest verankertes Merkmal des Verstandes. Haben Sie je selber gesagt oder gehört, wie jemand über einen Dritten sagte: »Er lebt in seinem eigenen Film«, wenn jemand nur mit sich beschäftigt war? Der Verstand schafft ständig seine eigene Realität und projiziert sie auf andere wie einen Film auf eine Leinwand.

Projektion ist der Begriff für das, was bei meinem Vater ablief, wenn er sich darum sorgte, was die Nachbarn denken könnten. Da mein Vater kein Selbstvertrauen hatte und kein Mann war, der über sich nachdachte, suchte er bei den Nachbarn nach Bestätigung dafür, dass er ein guter Mann, Vater, Ehemann und Ernährer war. Die Nachbarn mussten von ihm positiv denken, damit er von sich selbst gut denken konnte.

In Wirklichkeit machten nicht sie sich Sorgen, sondern *er*, aber er merkte nicht, was tatsächlich geschah. Das ganze Drama spielte sich in seinem Kopf und nur in seinem Kopf ab, aber da *er* sich Sorgen machte, was die Nachbarn denken könnten, glaubte er automatisch, dass auch sie sich mit ihm beschäftigten. Das war gar nicht der Fall. Das ganze Szenario war einfach seine Projektion.

Von Zeit zu Zeit besuchte uns, besonders meine Frau Verena, eine Frau, die kam, um vor allem über sich selbst zu reden. Diese Frau hatte »sich einem bewussten Leben verschrieben« und alle anderen hier am Ort, an den sie gerade gezogen war, waren »oberflächlich« und »nicht an Wachstum interessiert«. Wir sagten nie viel dazu, denn andere hatten keine große Chance, zu Wort zu kommen.

Dann hörten die Besuche plötzlich auf. »Ich fühle mich negativ beurteilt«, sagte sie am Telefon wütend. Ihre Urteile waren samt und sonders Projektionen; sie hatten mit niemandem zu tun als mit ihr selbst. Da wir sie nicht verstärkten, prallten sie auf sie zurück, als wenn ihr Gesicht in einem Spiegel reflektiert worden wäre.

Und hier verpasste sie eine Chance. Statt zu verstehen, was passierte, nämlich dass wir, indem wir nicht ihr Spiel spielten, einfach nur ihr urteilendes Wesen spiegelten, fühlte sie sich verständlicherweise unwohl und entschied sich, uns den Rücken zu kehren.

Sie entschied sich auch, uns zu beschuldigen – ein beliebter Fluchtweg, wenn die eigene Taktlosigkeit zutage gefördert wird. Die Schuld auf andere zu schieben ist eine großartige Methode, Verantwortung zu vermeiden. Es kann sich bei allen Arten von Gelegenheiten als nützlich erweisen. Da der Mensch selbst ein Schöpfer ist und seine eigene Spezies reproduzieren kann, projiziert sein Verstand die Idee eines Gottes, der als *der* Schöpfer für alles verantwortlich ist, was geschieht. Natürlich handelt es sich um einen Mann, und weil niemand ihn je gesehen hat, ist er von seiner Schöpfung getrennt wie ein Bildhauer, der sein eigenes Ebenbild in Stein meißelt. Meine Erfahrung lehrte mich etwas anderes.

Als mein Auto auf dem New York State Thruway ins Schleudern geriet, entdeckte ich, dass Gott wirklich existiert – nicht als eine Vaterfantasie in einem eingebildeten Himmel, sondern als unendliche Quelle, als universelle Energie, die sich in allem manifestiert, angefangen von den Vögeln und Bäumen, über die Tiere bis hin zu den einzigartigen Lebensäußerungen in Form von »Du« und »Ich«. Gott und Existenz sind nicht getrennt, sondern miteinander eins.

Gehen Sie nach draußen und schauen Sie sich um. Es

gibt keine Trennung. Das Leben, das in Ihnen pulsiert, lässt auch die Vögel fliegen und den Saft in den Bäumen steigen. Das Wasser, das den Teich im Park füllt, ist dasselbe Wasser, das unseren Durst stillt, 70 Prozent dieses Planeten bedeckt und aus dem unser Körper zu einem ähnlich hohen Prozentsatz besteht. Tier oder Mensch, Fisch oder Vogel, wir alle essen, schlafen und vermehren uns. Wir alle atmen dieselbe Luft.

Wo ist also die Trennung? Zeigen Sie mir irgendjemanden oder irgendetwas, der oder das nicht Teil dieser »Existenz« wäre oder, wenn Sie den anderen Begriff vorziehen, der nicht ein Teil von »Gott« wäre?

Die Vorstellung der Nichtgetrenntheit ist schwierig zu verstehen, denn sie übersteigt den Horizont des begrenzten Verstandes und ist eher ein Wissen des Herzens. Aber die Werkzeuge, die uns gegeben sind, sind das Einzige, was uns zur Verfügung steht. Willkommen also in der Welt der Metaphern: Wir sind alle individuelle Wassertropfen in diesem großen Ozean des Lebens. Das ist kein Glaubenssystem, sondern einfach ein Fakt.

Warum unterschätzen wir uns und setzen das wunderbare und geheimnisvolle Wesen herab, das wir in Wahrheit sind? Der Grund ist, dass von Menschen geschaffene Glaubenssysteme, die durch psychologische Spiele wie »Todsünde« und »ewige Verdammnis«, »Jungfrauengeburt« und »Gottvater« fortgesetzt wurden, uns fest an unserem Platz halten.

Nach meiner Ansicht führen die etablierten Religionen die Liste der Übeltäter an. Indem sie den Trennungsmythos fortgeführt und mit der Angst und Schuld, die er ermöglicht, Geschäfte gemacht haben, haben sie ihre dominierende Stellung über Millionen Menschen Jahrtausende lang aufrechterhalten.

In dem vom Vatikan gebilligten jesuitischen Blatt *Civiltà Cattolica* wurde das Ausgeben von »gutem Geld« für teures Tierfutter »als völlig verrückt und moralisch verwerflich« bezeichnet. Warum? Der angegebene Grund lautet, dass Tiere weder Rechte noch eine Seele haben, denn »diese gehören dem Menschen … dem Hüter und Verwalter der Schöpfung«. Hüter und Verwalter! Nicht nur, dass dies blanker Unsinn ist, es ist offenkundiger Betrug. Die Trennung ist eine Lüge.

Führen Sie sich einmal für einen Augenblick die Hierarchie in der katholischen Kirche vor Augen – vom Papst über die Kardinäle, Erzbischöfe, Bischöfe bis hin zu den Priestern. Überlegen Sie, welche Trennung damit gefördert wird. Jedes Amt, mit einem angemessenen Talar ausgestattet, funktioniert als Mittler zwischen demjenigen darüber und darunter, und nur dem Papst wird die direkte Kommunikation mit Gott zugebilligt. Was heißt das für die durchschnittliche Katholikin und den durchschnittlichen Katholiken? Sie werden auf die unterste Stufe einer sehr langen Leiter verbannt. Es bedeutet, dass gewöhnliche Katholiken nicht würdig sind, eine direkte Berührung mit dem Göttlichen zu haben. Doch ihr Geld ist natürlich immer willkommen. Es ist mir ein Rätsel, warum Menschen sich das immer noch gefallen lassen. George Bernard Shaw gab einen klugen Rat: »Der beste Ort, um Gott zu finden, ist ein Garten«, sagte er, »dort kann man nach ihm graben.«

Regierungen, sowohl Monarchien als auch Republiken, bedienen sich dieser Technik der Trennung und benutzen Amt und Würden dazu, um eine Kluft der Kontrolle zwischen den Herrschenden und dem gemeinen Volk zu schaffen. Moderne Firmen benutzen dieselbe Technik. Ein Brief an die Zeitschrift *Vanity Fair* im Oktober 2002 enthüllte, dass der geschasste Gründer der *Creative Artists Agency* Michael Ovitz von allen Assistenten verlangte, dass sie den Blick abwandten, wenn er auf dem Korridor an ihnen vorbeiging. Unnahbarkeit ist offensichtlich sehr wichtig für die Exekutive. Sowohl Geschäftsleute als auch Regierungen eifern dabei einem administrativen Modell nach, das wohl das erfolgreichste in der Geschichte ist. Können Sie sich eine reichere Organisation mit einer mächtigeren und unnahbareren Führung vorstellen als die heutige katholische Kirche?

Warum fällt es uns schwer, auf eigenen Beinen zu stehen und unsere Wirklichkeit offen anzuerkennen? Ende der 70er Jahre schickte die deutsche katholische Kirche eine Abordnung von sechs Priestern in unseren Ashram nach Indien, um herauszufinden, warum es so viele junge Deutsche zu Osho zog. Die Anzahl der Deutschen war beträchtlich, sie ging in die Tausende, und mir und einem bekannten deutschen Journalisten, der auch ein Osho-Anhänger war, wurde aufgetragen, uns um die Besucher zu kümmern. Sie waren ungefähr eine Woche bei uns, und wir trafen uns jeden Morgen mit ihnen, um ihre Fragen zu beantworten.

Das war keine leichte Aufgabe. Der Versuch, die unbeugsame katholische Konditionierung zu durchdringen, war, als wollte man durch Sirup schwimmen, und ich brachte wenig Geduld für diese Aufgabe mit. Statt uns zu besuchen, um herauszufinden, warum so viele junge

Deutsche nach Indien kamen, schlug ich ihnen vor, nach Hause zu fahren und vor ihrer eigenen Haustür zu kehren, um herauszufinden, warum all diese jungen Leute Deutschland verließen – aber meine Empfehlung wurde nicht allzu gut aufgenommen.

Eines Nachmittags jedoch dachte ich, es würde vorangehen, als das Gespräch mystisch wurde. Die Geistlichen begannen, von Erlebnissen zu erzählen, die ihnen widerfahren waren, individuellen religiösen Erfahrungen, die sie auf irgendeine transformative Weise berührt hatten.

Sie sprachen von Räumen, die auch ich kannte, aber während ich an diese inneren Orte durch meine eigene Meditation gelangt war, betrachteten sie ihre Offenbarungen als Gaben des Heiligen Geistes.

Keiner von ihnen übernahm irgendeine persönliche Verantwortung oder hatte den Gedanken, dass vielleicht die Energie, die er in seine spirituelle Praxis steckte, irgendetwas mit der Erfahrung von der Quelle zu tun hatte, der Kraft, die er »Gott« nannte. Keine Chance, sagten sie. Für einen einfachen Sterblichen, selbst wenn er von Beruf Priester war, kam eine direkte Begegnung mit dem Göttlichen nicht in Frage. Nur durch die Intervention eines Mittlers, wie des Papstes oder des Heiligen Geistes, war eine authentische spirituelle Erfahrung möglich.

Ein Glaubenssystem zieht nur noch einen weiteren Schleier zwischen uns und die Wirklichkeit. Wir brauchen kein Glaubenssystem. Es gibt schon genug Schleier, ohne dass man noch weitere hinzufügen müsste.

Albert Einstein sagte einmal: »Es ist durchaus möglich, dass sich hinter unserer Sinneswahrnehmung Welten verbergen, von denen wir nichts ahnen.« Einstein hatte

Recht – und es ist alles eine Frage des Blickwinkels. Aus der Nähe nehmen sich die Dinge auf eine bestimmte Weise aus, gewinnen wir jedoch ein wenig Abstand, ganz gleich, ob draußen oder innerlich, zeigt sich plötzlich ein ganz neues Bild. Wenn Sie den Filmklassiker *The Rocky Horror Picture Show* kennen, erinnern Sie sich vielleicht an die letzte Bemerkung des Erzählers über die Erde, während Riff Raff und Magenta mit dem Raumschiff wieder nach Hause zum Planeten Transsexual in der Galaxie von Transylvania fliegen:

> Und auf dem Antlitz des Planeten krochen
> ein paar Insekten namens Menschen,
> verloren in Zeit und Raum und ohne Bedeutung.

Es ist alles eine Frage des Blickwinkels. Haben Sie beispielsweise je über die vielen Illusionen nachgedacht, die mit dem Paket einhergehen, das man das menschliche Dasein nennt? Versuchen Sie es für den Anfang mit den folgenden:

- Jedes scheinbar feste Objekt ist eine Illusion. Es setzt sich in Wirklichkeit aus kreisenden Atomen zusammen, die hauptsächlich aus leerem Raum bestehen.
- Dass ich ich und Sie Sie sind, ist eine Illusion; tief dahinter sind wir alle eins.
- Die Zeit existiert nicht. Sie ist nur eine Abfolge von gegenwärtigen Augenblicken. Es gibt in Wirklichkeit nicht so etwas wie 7.15 Uhr. Das ist ein zweckmäßiges Konzept, auf das wir uns alle geeinigt haben, wie Ampeln und Fahrbahnmarkierungen.

- ▷ Namen sind willkürliche, von Menschen erdachte Bezeichnungen. Eine Rose weiß nicht, dass sie eine Rose ist, und auch Ihr Name ist nicht das, was Sie sind. Ein Name ist nützlich, damit Sie aufmerksam werden, wenn jemand Sie in einem Raum voller Menschen ruft.
- ▷ Nicht die Sonne geht unter, die Erde dreht sich. Und ich glaube, Sie kommen der Wirklichkeit näher, wenn Sie einen Sonnenuntergang beobachten können im Wissen, was wirklich geschieht, und immer noch von seiner Schönheit bewegt sind.

Das Leben wird nicht mit einer Gebrauchsanweisung geliefert; es besteht aus Versuch und Irrtum. Niemand sagt uns, was Glaube und Bluff, was Wirklichkeit und was Fantasie ist. Wir müssen es selbst erforschen, untersuchen und herausfinden. Aber meine Schlussfolgerung nach 60 Jahren lautet, dass die ins System eingebaute Illusion der Trennung sowohl eine Herausforderung als auch eine Chance ist, zu wachsen, sich weiterzuentwickeln, weiterzugehen, bis wir den Weg nach Hause finden, ganz gleich, wie lange oder wie viele Leben es dauert. Jeder, der behauptet, es sei leicht, lügt. Auf dem Weg zu Bewusstheit, Authentizität und Reife muss man viel innere Arbeit leisten.

In jedem von uns gibt es einen angeborenen Drang, heil und ganz zu werden. Deshalb sind wir konstant auf der Suche und versuchen, diesen Drang mit allem zu befriedigen, was Befriedigung verspricht – mit Menschen, Besitz, Aktivitäten, Ablenkungen, Glaubenssystemen. Das führt in eine Sackgasse. Keine dauerhafte Erfüllung lässt sich je draußen finden, weder in Cocktailbars noch im

Bett anderer Leute, weder in Sitzungssälen von Firmen noch in den Basiliken von Rom. Der Weg zur Erfüllung beginnt mit der Selbsterforschung, mit Zweifeln und Fragen, mit dem Versuch, unseren Platz in dieser unlogischen und illusorischen Welt zu verstehen, in die wir geworfen sind. Und das heißt, den Mut aufzubringen, Überzeugungen infrage zu stellen. Es heißt, gegen den Strom zu schwimmen, sogar gegen die eigene Familie und die eigenen Freunde, wenn es sein muss, bis Sie sich selbst kennen und die Dinge so sehen, wie sie wirklich sind.

Vertrauen ist der Schlüssel. Im Vertrauen gibt es keine Trennung. Vertrauen Sie der Existenz – in dem Wissen, dass alles, was existiert, miteinander verbunden, voneinander abhängig und ein integraler Bestandteil des Ganzen ist. Mit diesem Wissen stellt sich eine tiefe Entspannung ein.

In seinem Gedicht *Desiderata, die Lebensregel von Baltimore* schrieb Max Ehrmann 1927: »Du bist ein Kind des Universums, nicht weniger als die Bäume und die Sterne, und du hast ein Recht darauf, hier zu sein.«

Lassen Sie sich von niemandem je etwas anderes einreden.

3

Die einzige Sicherheit ist die Unsicherheit

Staatssicherheit. Landessicherheit. Flughafensicherheit. Sicherheitspolizei. Sicherheitsalarm. Sicherheitsgurt. Computersicherheit. Datensicherheit. Standsicherheit. Finanzielle Sicherheit. Kollektive Sicherheit. Selbstsicherheit. In der Wohlstandswelt der heutigen entwickelten Nationen ist Sicherheit eine fixe Idee – und das noch mehr, seit die Regeln am 11. September 2001 neu geschrieben wurden.

Oberflächlich betrachtet, mag es den Anschein haben, als ob die Antiterrormaßnahmen, die die augenblicklichen Schlagzeilen und die Fernsehnachrichten dominieren, für Sicherheit sorgen könnten, aber das ist nicht der Fall. Fühlt sich irgendjemand sicher – trotz der Legionen von bewaffneten Männern und Frauen, die durch die Straßen patrouillieren und die nationalen Ikonen bewachen, unsere so genannte Führungsriege beschatten und die Unterseite von Autos mit riesigen Spiegeln untersuchen? Es sieht nicht danach aus.

Ein Journalist, der bei einem Festival in Australien die Stimmung in den USA schilderte, sprach von einem »seltsamen, sorgenvollen Imperium, dessen Bürger keine Sicherheit kennen, ob zu Hause oder im Ausland«. Abgesehen von der Anspielung auf das »Imperium«, hat es, nach Medienberichten zu urteilen, den Anschein, dass man dasselbe zunehmend über die Briten und Australier sagen kann, Amerikas Helfershelfer bei der Invasion im Irak.

Offen gestanden, ist ein mangelndes Gefühl von Sicherheit nur allzu natürlich – und das nicht nur wegen des islamischen Dschihad, des Chaos in Israel oder der Auswirkungen des »Regimewechsels« in Afghanistan und im Irak. Diese Konflikte haben unerwartet ein verborgenes Gesetz des Universums ans Licht gebracht, das Jahrzehnte lang ignoriert worden war und jetzt ins öffentliche Bewusstsein gerückt wurde. Und die Leute spielen verrückt.

Dieses Gesetz besagt, dass nichts und niemand uns Sicherheit geben kann, auch nicht mit den allerbesten Absichten. Sicherheit ist eine der Illusionen des Lebens; sie entspricht einfach nicht dem Wesen der Dinge. Unsicherheit hingegen bildet die Grundlage, aus der der Stoff des Lebens gemacht ist. Wer von uns kennt schon seine Todesstunde – oder weiß, was hinter der nächsten Ecke lauert? Damit sehenden Auges zu leben ist die Herausforderung. Und der 11. September, Bali und die nachfolgenden Tragödien machen es ausgesprochen schwierig zu ignorieren, wie es sich in Wahrheit mit der Sicherheit verhält.

Dass Sicherheit eine Illusion ist, heißt nicht, dass ich Ihnen empfehle, Ihre Alarmanlage herauszureißen, Ihre Krankenversicherung zu kündigen, das Antivirenprogramm Ihres Computers in den Müll zu werfen oder unsere Staatsgrenzen zu öffnen, um jeden uneingeschränkt hereinzulassen, darunter auch Selbstmordattentäter, die Chaos und Mord im Schilde führen.

Aber machen wir uns nichts vor. Ganz gleich, wie viele so genannte Sicherheitssysteme wir installieren oder wie viele Sicherheitskräfte eingesetzt werden, diese weltweiten Präventivmaßnahmen haben nichts mit Sicherheit zu tun, damit, uns sicher zu machen. Diese Maßnahmen, um die Bevölkerung gegen die Lotterie des Lebens zu schützen, sind eine Art von »Versicherung« – und mithilfe von Versicherungen, die uns Sicherheit vorgaukeln sollen, versuchen die Regierungen, mit dem Risiko des 21. Jahrhunderts fertig zu werden.

Ob die Bedrohung real oder eingebildet ist oder einfach nur eine List, um eine weitere politische Strategie zu rechtfertigen, ist nicht wirklich die Frage: Ein gewisses Maß an Wachsamkeit gehört immer zum gesunden Menschenverstand. Denken Sie nur daran, wie Sie sich und Ihr Eigentum individuell gegen potenzielles Unglück schützen. Bei der Aussicht auf eine finanzielle Entschädigung gegen eine überschaubare monatliche Prämie ist es nur vernünftig, uns zu schützen, uns und die, die wir lieben, gegen die Risiken von Diebstahl, Unfall oder Krankheit oder gegen die potenziellen Verwüstungen abzuschirmen, die Vulkane, Wirbelstürme oder andere Katastrophen in der Gegend, in der wir leben, anrichten können.

In den zum Weltnaturerbe ernannten Blue Mountains westlich von Sydney wüten in jedem Sommer Buschfeuer – massive, vom Wind angefachte Flammenwände, die Zehntausende Hektar Buschland und Eukalyptuswälder und oft auch viele Häuser vernichten.

Die Brände im Jahr 2003 gehörten zu den katastrophalsten in der Geschichte, und eines dieser Feuer wütete auf dem Eigentum einer Familie, die direkt unterhalb von uns am Berg wohnt. Als das Feuer schließlich gelöscht war, blieb von ihrem Haus nichts übrig als ein Gerippe aus verkohltem Holz und ein Haufen glimmender Trümmer. Und diese Leute hatten keine Versicherung.

Obwohl sie in einer Gegend Australiens wohnen, die zu den am stärksten von Bränden betroffenen Gebieten gehört und wo sich dasselbe Szenario Jahr für Jahr wiederholt – das im Jahre 2003 noch durch die schlimmste Dürre seit 100 Jahren verschärft wurde –, hatten sich die Besitzer, statt die Katastrophengefährdung ihres Wohnorts anzuerkennen, für die althergebrachte australische Methode der Wirklichkeitsverleugnung entschieden nach dem Motto: »Kein Problem. Wird schon gut gehen.« Jetzt ist ihr Haus weg, und sie haben kein Geld, es wieder aufzubauen.

Die Familie unten am Berg steht nicht allein da. In Canberra, der australischen Hauptstadt, wo die Feuer im letzten Sommer vier Menschen töteten und über 500 Häuser zerstörten, war ein Viertel der betroffenen Gebäude nicht versichert.

Es gibt die Sufi-Geschichte vom Meister und seinem Schüler, die die Wüste mit einem Kamel durchqueren. Nach einer anstrengenden Tagesreise kommen sie erschöpft in einer Oase an, und der Schüler, dessen Verantwortung es ist, das Kamel für die Nacht anzubinden, beschließt, das Kamel einfach draußen vor dem Zelt frei umherlaufen zu lassen. Er betet zu Allah: »Ich bin so furchtbar müde. Trag du für das Kamel Sorge«, und im nächsten Augenblick ist er eingeschlafen. Am Morgen darauf ist das Kamel weg.

Der Meister schilt ihn, dass ihr Lasttier fort ist, doch der Schüler will sich gleich verteidigen. »Du sagst mir immer, ich solle Allah vertrauen«, sagt er. »Das habe ich getan. Ich habe ihm gesagt, ich sei so erschöpft, dass er sich um das Kamel kümmern müsse; es ist nicht meine Schuld, wenn das Kamel weg ist.«

»Vertraue auf Allah, aber binde zuerst dein Kamel an«, antwortet der Meister, »in dieser Welt der Form hat Allah keine anderen Hände als die unseren.«

Versicherungen sind eine Methode, das Kamel anzubinden. Die Probleme entstehen dann, wenn die Verkäufer von Sicherheit – und hier stecke ich die Politiker, das Militär, die Geheimdienste und die Polizei in einen Topf mit denen, die Versicherungen und Rentenpläne verhökern – ihre Produkte so darstellen, als könnten sie Ungewissheit durch Gewissheit ersetzen. Wenn das geschieht, hören Sie auf die Stimme des Wahns oder des glatten Betrugs. Ganz gleich wie ausgeklügelt oder überzeugend die Sache ist, niemand kann sich mit einer Versicherung gegen den nächsten Augenblick schützen.

Ebenso wie Sie habe auch ich keinen Einfluss darauf, wo die nächste Autobombe explodieren oder sich der nächste Selbstmordattentäter in die Luft sprengen wird. Aber ich habe nicht die Absicht, mein Leben damit zuzubringen, ängstlich hinter mich zu schauen. Auf äußere Sicherheit zu vertrauen heißt, in konstanter Angst zu leben.

Es gibt keine Sicherheit. Die Wahrheit lautet: »Man kann nie wissen.«

Vor zehn Jahren ging ich bei einer Freundin vorbei, um

ihr etwas mitzuteilen, und genau neben ihr saß die Frau, auf die ich mein Leben lang gewartet hatte. Man kann nie wissen.

Ein Bekannter ging eines Nachmittags mit seiner Frau die Straße entlang, als ein Auto auf den Bürgersteig geriet und sie umfuhr. Sie starb noch in seinen Armen. Man kann nie wissen.

Bei meinem besten Freund in der Highschool, einem brillanten Hockeyspieler, wurde plötzlich multiple Sklerose festgestellt. Seit 25 Jahren sitzt er im Rollstuhl. Man kann nie wissen.

Es gibt keine Sicherheit. Doch immer noch klammern wir uns an die Illusion, dass das Leben sicher gemacht werden kann. Haben Sie sich je gefragt, warum? Haben Sie sich je angeschaut, was Ihnen ein Gefühl von Sicherheit vermittelt? Ist es die Routine? Finden Sie Sicherheit und Behaglichkeit darin, immer wieder dasselbe auf dieselbe Weise zu tun, tagein, tagaus, jahrein, jahraus? Ist es die Wiederholung? Vermittelt es Ihnen ein Gefühl der Sicherheit, sich mit alten Freunden zu treffen, an bekannte Orte zu gehen, vertrautes Essen zu essen, gewohnte Dinge zu tun?

Ist es die Kontrolle? Fühlen Sie sich sicher, wenn Sie glauben, dass Sie den Ton angeben?

Reicht es, sich einfach sicher zu fühlen? Ist alles in Ordnung, solange nichts den Status quo bedroht?

Bedingungen wie diese mögen Ihnen ein Gefühl von Sicherheit vermitteln, werden Sie aber in einem falschen Gefühl der Sicherheit wiegen. Sie können Beruhigungsmittel sein – Decken, die die Flamme Ihres Lebens unter sich ersticken.

Was nützen Ihnen Ihre Sicherheiten, wenn Ihre Firma Stellen abbaut und Sie den Arbeitsplatz verlieren? Wo ist Ihre Sicherheit, wenn die Aktien fallen und Sie wieder an dem Punkt sind, gerade eben über die Runden zu kommen? Was geschieht, wenn man bei jemandem, den Sie kennen, unheilbaren Krebs diagnostiziert und Ihre eigene Vergänglichkeit Sie direkt anschaut? Was tun Sie, wenn Sie auf diese Weise konfrontiert werden? Greifen Sie zur sofortigen Verdrängung und schieben Fakten und Gefühle unter den nächsten Teppich? Werden Sie zum »armen Kerl«, der vom Leben zu besonderem Leiden ausgewählt wurde? Wählen Sie das vorübergehende Vergessen mithilfe irgendeines Sauf- oder Fressgelages? Oder beginnen Sie anzuerkennen, wie zögerlich auch immer, dass das Leben von Natur aus unsicher ist? Und wenn ja, was dann?

Meist kommt dann Angst auf – und die Sorge beschleicht Sie auf Schritt und Tritt. Wenn die Angst nur in extremen Augenblicken zuschlägt – etwa wenn Sie zur Klaustrophobie neigen und Ihr Fahrstuhl einige Augenblicke lang zwischen zwei Etagen hält –, sind Sie wahrscheinlich niemand, der sich ständig Sorgen macht. Aber für zutiefst ängstliche Menschen, für diejenigen, die immer das Schlimmste befürchten, ist Sorge ein ständiger Begleiter. Sorge ist ein Lieblingssport des Feindes, der in unserem Kopf lebt.

Als Kind lebte ich in einer Umgebung, in der sich alle ständig Sorgen machten. Der Gegenstand der Sorge wechselte ständig, aber so wie ein Stirnrunzeln sich unauslöschlich in eine gealterte Stirn eingräbt, war die Sorge immer da. Und nicht ein einziges Mal sah ich, dass sie zu einer Lösung beitrug. Ich hatte damals wie auch heute den Eindruck, dass Sorge hoch oben auf der Liste der sinnlosesten Lebensaktivitäten steht. Wenn Sie das, was Sie stresst oder unglücklich macht, nicht ändern können, wozu sich dann darüber Sorgen machen? Sorge ist ein psychologisches Spiel. Es ist selbstzerstörerisch und komplette Energieverschwendung.

Aber was tun? Wie finden Sie Ihren inneren Frieden wieder, wenn der Feind in Ihrem Kopf unruhig ist und an Ihnen nagt wie der Hund am Knochen? Beachten Sie ihn einfach nicht. Hören Sie auf, Ihre Besorgnis zu nähren. Sagen Sie Ihrem Verstand einfach: »Halt den Mund«, und richten Sie Ihre Aufmerksamkeit auf etwas anderes. Das Einzige, was man dazu braucht, ist Übung, wie John Nash in dem genannten Film *A Beautiful Mind – Genie und Wahnsinn* entdeckte. Es wird mit jedem Mal leichter, die Stimme der Besorgnis zum Schweigen zu bringen.

Und was ist mit der überwältigenden Emotion und den im Körper spürbaren Angstreaktionen? Wie gehen Sie mit Dingen um, die Ihnen nicht geheuer sind, Ihnen die Haare zu Berge stehen lassen oder Ihnen Schauer über den Rücken jagen? Wie handhaben Sie Dinge, die Ihnen die Sprache verschlagen, Sie vor Panik lähmen oder Ihr Blut zum Stocken bringen? Drehen Sie sich auf dem Absatz um und laufen, so schnell Sie können? Sehen Sie zu, dass Sie ins Bett kommen und unter der Decke verschwinden? Wenn ja, dann verschieben Sie nur auf morgen, wovor Sie heute Angst haben.

In einer Rede im Jahre 1932 sagte der Demokrat und amerikanische Präsident Franklin D. Roosevelt: »Das Einzige, wovor wir uns fürchten müssen, ist die Furcht selbst.«

Er hatte Recht: Angst hat nichts mit dem Objekt, dem Ereignis oder der Situation zu tun, die Ihnen Angst macht. Ganz gleich, wie sie sich darstellt: Die Angst ist immer die Angst vor dem Unbekannten.

Vor vielen Jahren in Bombay fand ich das in den alltäglichsten Umständen selbst heraus. Und was ich bei dieser Erfahrung über die Angst begriffen habe, hat mir seither immer genützt.

Genau an der Straße, wo das Hotel lag, in dem ich wohnte, führte eine schmale Gasse zwischen zwei Häuserblocks zu einem geschäftigen indischen Bazar. Vom Bürgersteig aus konnte ich durch die enge Gasse Schwärme von Indern an Reihen von improvisierten Ständen und schäbigen Ladenfronten erblicken, die in dem vielstimmigen Marktgeschrei eilig hin und her huschten. So schnell ich konnte, überquerte ich immer die Gasse zwischen den beiden Wohnhäusern, weil mich die schreckliche Angst plagte, dass eine Gruppe von kleinen braunen Männern mich plötzlich packen und mit den Füßen voran in das Chaos schleifen könnte, wo meine sichere Vernichtung auf mich wartete. Ich weiß, dass die Angst lächerlich war, und dennoch war sie da.

Als ich dann eines Abends Osho zuhörte, bekam ich ein völlig neues Verständnis von Angst. »Ganz gleich, was der Gegenstand der Angst ist, es handelt sich immer um Angst vor dem Unbekannten«, erläuterte er. »Sobald ihr euch auf die Situation einlasst, lernt ihr das Unbekannte kennen, und die Angst löst sich auf. Es kann sein, dass ihr immer noch mit einem Problem konfrontiert seid, aber es ist von einem Fantasieproblem zu einem realen Problem geworden. Mindestens wisst ihr dann, woran ihr seid. Ihr könnt euch auf die vorliegende Situation konzentrieren; ihr müsst nicht mehr gegen innere Gespenster ankämpfen.«

Am nächsten Morgen ging ich bewusst mit großen Schritten auf die Lücke zwischen den beiden Häusern zu, bog scharf nach rechts ab und marschierte durch die Gasse in den Bazar hinein. Im Bruchteil einer Sekunde wusste ich, dass es nichts zu fürchten gab. Kleine braune Männer mit lachenden Augen boten mir Pyjamahosen und T-Shirts aus weicher ägyptischer Baumwolle an und gaben mir stark gewürztes *Pakora* und *Samosa* zu essen, das ich mit viel süßem Tee herunterspülte. Ich hatte das Unbekannte kennen gelernt, und ich genoss es. Wenn Sie mit etwas konfrontiert sind, das Ihnen Angst macht, dann springen Sie. Wenn Sie eine Aurophobie, eine Angst vor Gold, haben, gehen Sie los und kaufen Sie sich einen Ring. Wenn Sie eine Kionophobie, also eine Angst vor Schnee, haben, helfen Sie Kindern, einen Schneemann zu bauen. Wenn Sie eine Lutraphobie, Angst vor Schlangen, haben, gehen Sie mit der Familie in den Zoo.

Ich empfehle Ihnen nicht, etwas zu tun, womit Sie sich schaden. Wenn Sie an Akrophobie, also an Höhenangst leiden, empfehle ich Ihnen nicht, einen Sturzflug oder Bungee-Springen in eine Schlucht zu unternehmen. Beginnen Sie mit einer Leiter und gehen Sie langsam hoch. Und dann können Sie sich eines Tages beim Wandern in den Bergen an einem Halteseil festhalten und den Blick von der Spitze eines Felsens genießen, ohne dass Ihr Herz rast und Ihre Knie versagen wie früher. Trotz jahrelanger Beklommenheit und dem üblichen mulmigen Gefühl im Magen bin ich noch nie in den Abgrund hineingezogen worden. Damit komme ich auf das letzte Unbekannte zu sprechen, den Tod, den »großen Abgrund«, auf den wir im Laufe der Zeit alle zusteuern.

Die tiefe Ursache aller Angst ist der Tod, das Ende, der letzte Vorhang – aber wie kann man, falls man nicht gerade im Sterben liegt, den Tod von etwas Unbekanntem in etwas Bekanntes verwandeln? »Eine Reise von tausend Meilen beginnt mit dem ersten Schritt«, sagte Konfuzius. Beginnen Sie dort, wo Sie stehen: Beginnen Sie mit dem Körper, in dem Sie wohnen.

Ihr Körper ist ein erstaunliches Fahrzeug, das Ihnen vom Leben für Ihre Reise durch diese Welt der Form gegeben wurde. Sie sind der oder die Reisende; Sie sitzen auf dem Fahrersitz, der Komplex aus Körper und Verstand ist der materielle Stoff, während »Sie« ewiges Bewusstsein sind. Nur der Körper stirbt; Sie nicht. Wovor müssen Sie also Angst haben?

Eines der größten Hindernisse gegenüber dieser Erkenntnis ist unsere Identifikation mit dem Körper und dem Verstand. Wir werden in der Illusion aufgezogen, dass dieses Vehikel, diese Koalition von Verstand und Körper, das ist, was wir sind. Auf diese Weise leben die meisten Menschen ihr Leben.

Wenn Sie sich entscheiden, nicht auf diese Weise zu leben, sondern sich auf eine Suche nach Ihrer eigenen Wirklichkeit zu begeben, seien Sie geduldig. Es ist ein größeres Unterfangen, die Knoten der Illusion zu lösen – und dafür zu sorgen, dass sie entwirrt bleiben, ist ein Lebenswerk. Aber Sie sind nicht allein. Die Existenz unterstützt jene Menschen, die die Wahrheit suchen. Immer wenn Klarheit oder eine Schulter zum Anlehnen notwendig sind, wird jemand da sein. Wenn die Zeit reif ist, wird etwas geschehen, was Ihnen den Weg weist.

Eine Frau, die ich in Indien kennen lernte, erzählte mir, dass ihre Suche ebenso wie meine mit Büchern begann. Eines Nachmittags stand sie in der spirituellen Abteilung eines Buchladens in Manhattan und blätterte, als ihr von oben aus dem Regal ein Buch vor die Füße fiel. Sie hob es auf und stellte es wieder an seinen Platz, aber einige Augenblicke später fiel es wieder herunter und diesmal auf ihren Kopf. Es war ein Band mit Vorträgen von Osho. »Eine Woche später«, sagte sie, »saß ich im Flugzeug nach Bombay.«

Die Identifikation mit Körper und Verstand aufzuheben erfordert eine Kombination aus Intelligenz und Beobachtung; es erfordert, uns selbst in Situationen zu bringen, wo die Wirklichkeit so offensichtlich wird, dass sie nicht verleugnet werden kann.

Um zu sehen, dass Sie nicht der Verstand sind, ist Meditation der direkteste Weg. Meditation aktiviert den inneren Zeugen, der Sie in Wirklichkeit sind. Und da »Sie« der Zeuge sind und das Zeugesein Ihr Wesen ist, werden Sie imstande sein, leidenschaftslos das Paradox zu beobachten, das der menschliche Verstand darstellt. Er ist sowohl Fluch als auch Segen, Feind als auch Freund. Aber er ist nicht Sie. Sie sind Bewusstsein, das essenzielle Selbst liegt jenseits des Verstandes.

Sie sind auch nicht der Körper – und eine der beeindruckendsten Weisen, das zu erkennen, besteht darin, unmittelbar mit dem Tode konfrontiert zu werden.

Wie man sagt, ist es ein seltenes Geschenk, zugegen zu sein, wenn jemand stirbt und den Augenblick mitzuerleben, in dem das Leben den Körper verlässt. Wenn sich wie in meinem Fall diese Chance niemals ergeben hat, fragen Sie jemanden, der diese Erfahrung gemacht hat. Alle berichten im Grunde dasselbe: Zuerst war die Person, die sie kannten, noch da, und dann war sie von einem Augenblick auf den nächsten plötzlich fort. Ein Mann, der seine Frau begleitete, als sie starb, sagte, es sei gewesen, als wäre sie aus dem Zimmer gegangen und hätte die Tür hinter sich zugemacht. Andere sprechen von einer Energie, die das Zimmer im Augenblick des Todes erfüllt, wie ein Geist, der sich aus der Flasche befreit.

Dasselbe Verständnis kann man beim Tod eines Haustiers erlangen. Wenn ein geliebtes Tier stirbt – Katze, Hund, Vogel oder Fisch –, halten Sie es im Arm oder in der Hand und beobachten Sie sorgfältig. Der Körper bleibt, aber Ihr Tier ist nicht mehr da. Die Kraft, die ihm Leben gegeben hat, ist verschwunden. Selbst die Teilnahme an einer Beerdigung kann Ihnen zeigen, dass Sie nicht der Körper sind.

Kürzlich verstarb eine Frau, die Verena und ich kannten, und ein paar Freunde und Verwandte versammelten sich in der Kapelle des örtlichen Krematoriums, um von ihr Abschied zu nehmen. Als ich sie im Sarg liegen sah wie damals als Fünfjähriger meine Stiefmutter, war es für mich offensichtlich, dass »sie« gegangen war und nur die Hülle dort lag. Ihre Freude und Trauer, ihr Lachen und ihr Schmerz – der einzigartige Ausdruck, der sie war, war fort.

Wohin ist der Bewohner gegangen? Der Körper spielt keine Rolle mehr; er hat seinen Zweck erfüllt – aber wohin ist der Reisende gegangen? Wohin kann man denn überhaupt gehen? Die Menschheit sucht seit Äonen, aber nie hat jemand etwas anderes gefunden als das Hier. Deshalb haben sich die Religionen Himmel und Hölle ausgedacht. Diese fiktiven Aufenthaltsorte nach dem Tode fördern den Glauben, halten die Fragen in Schach und stellen durch die Androhung ewigen Leidens und das Versprechen ewiger Belohnung ein mächtiges Kontrollmittel dar.

Es gibt vieles unter dem Himmel, was wir einfach nicht mit den Augen wahrnehmen können, wie beispielsweise die Millionen von Mikroben, die auf unseren Wimpern leben, oder die fremde Macht, die wir in unserem Schlafzimmer spürten, als wir dieses Haus kauften.

Auch was nach dem Tod geschieht, ist vor unserer normalen Sicht verborgen, denn das, was sichtbar war, ist jetzt unsichtbar geworden. Aber das ist nicht das Ende der Geschichte. Das Geistwesen, der Reisende, wird wiederkehren, um in einer anderen Form zu wohnen, denn werden, um zu vergehen und wieder zu werden, ist der Kreislauf des Lebens.

Im 15. Jahrhundert fiel dem polnischen Astronomen Nikolaus Kopernikus zum ersten Mal die Kreisbewegung auf, die ein Charakteristikum unseres Universums ist. Und diese Kreisbewegung äußert sich in allem, was existiert – in der Umlaufbahn der Sterne, Monde und Planeten, dem Wechsel der Jahreszeiten, dem Tag- und Nachtzyklus. Die Bewegung des Lebens ist kreisförmig, nicht linear.

Das gilt auch für uns, weil wir nicht getrennt sind. In der *Smaragdinischen Tafel,* die irgendwann zwischen dem 1. und 3. Jahrhundert entstanden ist, beginnt der griechische Alchimist Hermes Trismegistos seine Abhandlung mit dem Satz: »Wie oben, so unten, und wie unten, so oben.« Mit anderen Worten: Der Mikrokosmos und der Makrokosmos sind dasselbe.

Unsere Rhythmen und Zyklen sind unausweichlich mit der Bewegung der Sterne und Planeten verbunden, und in jeder Zelle unseres Körpers spiegelt sich unser Sonnensystem. Die Elektronen in den Molekülen, aus denen wir zusammengesetzt sind, rotieren um einen zentralen Kern, genauso wie die Planeten in unserem Sonnensystem um die Sonne laufen.

Schauen Sie sich um. Wie die Kreisbahn der Sterne und der Jahreszeiten ist auch der kreisförmige Prozess des Entstehens, Vergehens und Wiederentstehens überall vorhanden.

Das Wasser aus den Flüssen und Ozeanen verdunstet, steigt als unsichtbarer Dampf empor und kondensiert wieder zu Wasser, um dann als Regen herabzufallen.

Die Bäume werfen ihre Blätter im Herbst ab, ruhen im Winter und schlagen im Frühling erneut aus.

Jede Nacht schlafen wir ein, kehren zur Quelle zurück, um Energie aufzutanken, und tauchen dann am Morgen erfrischt wieder auf. Die Mystiker sagen, Sterben sei ein ähnlicher Prozess, aber in einem größeren Rahmen.

Entstehen, vergehen, entstehen. Das ist der Rhythmus des Lebens. Was geht, das kommt, so sicher wie das Amen in der Kirche. In jedem Frühling ist mein Garten voller Akelei in allen Farben. Wenn der Sommer kommt, sind sie abgeblüht und haben Samen gebildet. In jedem Samenkorn verbirgt sich eine neue Akelei, und im folgenden Frühjahr beginnt der Zyklus von vorn. Mit uns verhält es sich genauso, weil wir nicht getrennt sind. Der Makrokosmos gleicht dem Mikrokosmos. Wie oben, so unten.

Als ich ein Kind war, löste sich mein Körper nachts regelmäßig auf. Es begann gewöhnlich mit einem Prickeln in den Händen, und bevor ich mich versah, begann mein Körper größer zu werden und sich so lange auszudehnen, bis er vollständig verschwunden war. Das Einzige, was blieb – wie bei dem Autounfall fast dreißig Jahre später –, war ein winziger Lichtpunkt in einer dunklen und unendlichen Leere. Es machte mir immer Angst; ich kniff mich und schlug mit dem Kopf gegen die Wand, damit es aufhörte. Aber es hatte seinen eigenen Rhythmus, und ich musste abwarten. Ich erzählte es nie jemandem; ich wusste, dass man mir nicht glauben würde.

Als ich Jahre später in Indien meditierte, passierte es wieder. Aber dieses Mal hatte ich keine Angst. Ich konnte mich während der Erfahrung entspannen und zulassen, dass sie mich tief nach innen trug, bis ich eine Art Schwelle überschritt und eine Erinnerung auftauchte – eine Erinnerung an Meditation, an Tibet, an einen spirituellen Weg aus einem früheren Leben. Entstehen, vergehen, entstehen – das Rad von Geburt, Tod und Wiedergeburt.

Es heißt, dass die Seelen sich entwickeln, dass das Leben auf dieser Erde eine Schule ist und wir uns am Ende, wenn wir unsere Lektionen gelernt und die Erleuchtung erlangt haben, wieder mit unserer Quelle vereinigen, endlich befreit vom Rad der Geburt, des Todes und der Wiedergeburt. Das ist das ganze Ziel der großen Religionen, die in Indien entstanden, des Buddhismus, Hinduismus und Jainaismus. Deshalb erkennen sie auch die Wiedergeburt an, ebenso wie der chinesische Taoismus, der griechische Neuplatonismus und die westliche

Theosophie und Anthroposophie – während zwei andere große Religionen, das Christentum und der Islam, es nicht tun.

Die Ablehnung der Reinkarnation im orthodoxen Islam ist unzweideutig. Beim Christentum jedoch, dessen Wurzeln im Judentum liegen, in dem von den Gelehrten die Wiedergeburt als Wahlmöglichkeit der Seele akzeptiert wird, hat mich die theologische Doktrin von »dem einen Leben« immer verwundert. Ich muss zugeben, dass es, oberflächlich betrachtet, den Anschein hat, als hätten wir nur ein Leben, aber das ist nur die halbe Wahrheit. Der Verstand-Körper-Komplex namens »Jack Allanach« hat vielleicht nur eine einzige Chance, auf der Bühne des Lebens aufzutreten, doch der transzendentale Mieter, der diesen Körper bewohnt, erhält so viele Inkarnationen, wie er braucht.

»Der Weise lässt sich von der Veränderung namens Tod nicht täuschen«, sagt Krishna, der Lieblingsavatar der Hindus, in der *Bhagavad Gita.* »So wie der Körper abgetragene Kleider wegwirft und sich neue anzieht, so streift das unendliche, unsterbliche Selbst den abgetragenen Körper ab und tritt in einen neuen ein.«

Anfangs dachte ich, die christliche Einstellung zur Reinkarnation sei einer theologischen Fehlinterpretation zuzuschreiben, doch kürzlich habe ich gelesen, dass beim zweiten Konzil von Konstantinopel 533 n. Chr. Erwähnungen der Reinkarnation und des Karmagedankens aus dem christlichen Schrifttum entfernt wurden. Es war offensichtlich sehr viel einfacher, die Massen zu kontrollieren, wenn man schlicht jede Möglichkeit eines »zweiten Versuchs« ausschloss. Ich vermute, dass auch der Verlust von Pfründen aus dem Verkauf von Ablassbriefen* ein substanzieller Anreiz für die Umänderung war.

In diesem Universum, in dem das Gesetz, dass Mikrokosmos und Makrokosmos dasselbe sind, sich auf tausenderlei Arten äußert, sucht sich nicht nur das Bewusstsein einen neuen Körper, wenn der alte verbraucht ist. Es scheint, dass dasselbe auch für die Atome gilt, aus denen unser Körper besteht. Bill Bryson führt in seinem brillanten Buch *Eine kurze Geschichte von fast allem* aus:

> Jedes Atom, aus dem Sie bestehen, hat mit hoher Sicherheit viele Sterne durchlaufen und war Teil von Millionen von Organismen, bevor es zu Ihnen geworden ist. Jeder von uns besteht aus so vielen Atomen und wird beim Tod so komplett wiederverwertet, dass eine bedeutende Zahl unserer Atome, nach Schätzungen vielleicht eine Milliarde bei jedem von uns, vermutlich einmal Shakespeare gehörten. Eine weitere Milliarde stammt von Buddha und Dschingis Khan und Beethoven und jeder anderen historischen Figur, die Sie gern nennen möchten …
>
> Insofern sind wir alle Reinkarnationen – wenn auch kurzlebige. Wenn wir sterben, fallen unsere Atome auseinander und ziehen weiter, um anderswo einen neuen Verwendungszweck zu finden, als Teil eines Blattes, Menschen oder Tautropfens.

---

* Selbst heutzutage ist anscheinend der Ablass immer noch nicht verschwunden. 1998 verkündete Papst Johannes Paul II., dass im Jahr 2000 reuige Sünder, die eine gute Tat vollbringen oder einen Tag lang auf Zigaretten und Alkohol verzichten würden, einen Ablass erlangen könnten.

Was das Bewusstsein im Gegensatz zu den Atomen angeht, lautet die vorherrschende Meinung, dass Menschen als Menschen wiedergeboren werden, weil wir als fühlende und denkende Wesen bereits die Spitze der gegenwärtigen Stufe der Evolution erklommen haben und nicht zurückfallen können.

In der Theosophie heißt es, dass Tiere den Impuls haben, sich höher zu entwickeln. Angesichts der großen Aufmerksamkeit, die Zulu, unsere Burma-Katze, allem schenkt, was wir tun – den Geschirrspüler anstellen, die Teppiche saugen, Gäste begrüßen –, sind wir überzeugt, dass sie diese Chance für ihren Sprung in die nächste Spezies nutzt.

Für mich sind Erinnerungen an frühere Inkarnationen eine Begleiterscheinung der Meditation. Bei mir tauchen vor allem Erinnerungen an Beziehungen auf – an Kinder, Geschwister und Ehepartner. Die Gesichter sind mir natürlich nicht vertraut, aber es ist immer eine innere Qualität da, eine Anerkennung meiner Verbindung mit ihnen und der ihren mit mir. Einmal war es jemandes Hand, die ich kannte, ein anderes Mal die Art, wie die Person ging. Erinnerungen an vergangene Leben scheinen für jeden verschieden zu sein – jeder bekommt, was er oder sie braucht, nehme ich an.

Außer bei bestimmten Begegnungen habe ich gewöhnlich keinen Hinweis darauf, wo die Beziehung war und niemals eine Ahnung, wann. Es gibt jedoch einen roten Faden: das gemeinsame Bindeglied ist das Karma. Mit jedem Wesen, das mir wiedererschienen ist, besteht eine nicht zu Ende geführte Angelegenheit: ein Geschenk, das zu geben, eine Schuld, die wiedergutzumachen ist. Es ist für uns beide immer ein Segen und findet immer in einem begrenzten Zeitrahmen statt. Selten setzt sich die Beziehung fort. Es ist, als wenn wir uns einfach nur noch einmal getroffen hätten, um die Tafel leer zu wischen.

Sind Erinnerungen an vergangene Leben hilfreich? Für mich waren sie es. Sie haben mich letztlich gelehrt, nicht wieder bewusst neues Karma anzusammeln. Menschen setzen Karma oft mit Strafe gleich, mit Sühne für Sünden aus vergangenen Leben. Ich betrachte es nicht so. Für mich ist Karma die Folge einer unvollendeten Handlung, denn ein begonnener Kreis will vollendet werden – und jetzt achte ich darauf, dass ich alles, was ich anfange, zu Ende bringe.

Kürzlich fiel mir auf, wie eine Frau, mit der wir vorübergehend bekannt wurden, permanent ein altes Muster wiederholte. Wenn sie neue Freunde kennen lernte, stürzte sie sich geradezu euphorisch auf sie. Wurde die Beziehung jedoch zu eng und es drohte emotionale Nähe, zog sie sich ängstlich und verkrampft zurück und stieß andere vor den Kopf. Nie erfolgte eine Erklärung, nur eine Ablehnung und Auflösung der Beziehung, und jede Kritik an diesem unreifen Verhalten traf auf ein eisiges: »So bin ich nun mal.«

Trotz der Verletzung, die sie immer wieder bei anderen auslöste, machte sie sich weiter vor, ein liebevoller Mensch zu sein. Tatsächlich säte sie neues Karma. Das Chaos, das sie zurückließ, wird auf sie warten, wenn dieses Leben zu Ende ist und sie wiederkommt, um den nächsten Versuch zu unternehmen.

Das ist keine müßige Behauptung; ich weiß, wovon ich spreche. Ich musste mich mit Folgen von Handlungen aus einem früheren Leben auseinander setzen – und insbesondere einem vergangenen Fehler, den auszubügeln mich in diesem Leben zehn Jahre kostete.

Anfang der 70er Jahre lernte ich einen jungen Mann kennen, mit dem ich sofort eine tiefe Verbindung hatte. Schließlich fuhren wir zusammen nach Indien, und dort wurde mir bei einem Meditationsretreat die Ursache für diese Nähe klar. Eines Nachmittags wurde ich beim Meditieren plötzlich in ein anderes Leben zurückversetzt und sah, dass ich in jenem Leben die Mutter des jungen Mannes gewesen war und ihn im Stich gelassen hatte. Ich begriff auch, dass mir im jetzigen Leben die Chance gegeben wurde, meinen Fehler wiedergutzumachen.

Seltsamerweise kamen in uns beiden Erinnerungen an diesen Vorfall des Im-Stich-Lassens hoch – getrennte Visionen an verschiedenen Orten, aber am selben Nachmittag. Ich erinnerte mich, dass ich eine Tänzerin in einer heruntergekommenen Taverne in Spanien gewesen war, die sich weitaus mehr dafür interessierte, mit den Kastagnetten zu klappern und mit den Gästen anzubändeln, als sich um ihr Kind zu kümmern. Schließlich kamen Frauen aus der Nachbarschaft und nahmen mir das Kind weg. Mein Freund erinnerte sich an demselben Nachmittag daran, dass er eine Treppe hinuntergetragen wurde, eine von diesen Innentreppen, die so typisch für Spanien sind, während ich oben stand und zusah, wie er weggetragen wurde.

Im jetzigen Leben fiel mir im Laufe der Zeit und mit wachsender Freundschaft ein deutliches Muster auf, das sich zwischen uns herauskristallisierte. Immer wenn dieser Mann eine Chance brauchte, um seiner Kreativität

Ausdruck zu verleihen, war ich es, der ihm den Weg ebnete. Ich beobachtete, wie es immer wieder passierte – jemand, den ich vorgeschlagen hatte, stellte ihn für ein Projekt ein oder kaufte etwas, was er produziert hatte –, und dann erkannte ich, dass ich auf diese Weise Wiedergutmachung dafür leistete, dass ich ihn damals im Stich gelassen hatte. Die Wiedergutmachung dauerte alles in allem zehn Jahre.

Das Karma, das ich damals in Gang gesetzt hatte, wirkte sich jedoch noch auf andere Art aus. In diesem Leben wurde ich in eine Situation hineingeboren, in der ich im Alter von zwei Monaten mit dem Tode meiner Mutter selbst ein Gefühl dafür bekam, was es heißt, verlassen zu werden. Und dann wurde mir ein weiterer Tiefschlag im Alter von fünf Jahren verpasst, als meine erste Stiefmutter, ihre Schwester, starb. Damit wurde bei mir ein Muster des Verlassenwerdens in Gang gesetzt, für dessen Lösung ich viele Jahre brauchen sollte, wie ich noch berichten werde. Es kann oft sehr lange dauern, bis wir eine Lektion lernen. Es gibt Menschen, die niemals aus ihren Fehlern zu lernen scheinen.

Vor ein paar Jahren ließ eine Frau in Sydney ihr zwei Jahre altes Kind im Auto, während sie in einen Laden lief, um schnell etwas zu besorgen. Als sie zurückkam, war das Auto weg. Der Dieb stellte das Auto schon kurze Zeit später irgendwo ab und ließ den Säugling bei geschlossenen Fenstern und Türen im Auto zurück. In der Hitze von 40 Grad starb der kleine Junge an Dehydration.

Der Dieb wurde festgenommen, vor Gericht gestellt und zu sieben Jahren Haft wegen Totschlags verurteilt. Er legte Berufung ein, und die Strafe wurde aufgehoben.

Als er im Juni 2003 aus einem anderen gestohlenen Auto floh, wurde er überfahren und starb.

In Australien, dem Land des Bumerangs, gibt es den Spruch: Was geht, das kommt. Und in diesem Spruch liegt die Essenz des Karma. Die Energie, die die Existenz antreibt, wandert in Kreisläufen. Es kann geschehen, dass wir sofort für die Kosten aufkommen müssen oder dass es mehrere Leben dauert. Sie können davon ausgehen, dass alles, was Sie ausschicken, zurückkommen wird, um Sie zu verfolgen. Ich bin lieber vorsichtig und schaffe kein neues Karma.

Wenn ich dieses Mal sterbe, bin ich entschlossen, ohne das Gefühl zu gehen, dass ich etwas nicht zu Ende geführt habe. Ich war 14 Jahre, als ich mir das geschworen habe, und ich habe mir seither alle erdenkliche Mühe gegeben, um jeden Augenblick voll und ganz zu leben. Der Tod ist eine zu bedeutsame Schwelle, um irgendwann vor dieser Tür zu stehen und sich zu fragen: »Warum habe ich dies getan und jenes nicht?«

Eine mir sehr nahe stehende Freundin starb letztes Jahr an Krebs. Als ich erfuhr, dass sie im Sterben lag, rief ich sie an, um ihr zu sagen, dass ich sie besuchen wolle. Im Laufe dieses Gesprächs fragte ich sie, ob sie Angst habe.

Ihre Hauptsorge, antwortete sie mir, sei, ob sie in der Lage sein würde, den Schmerz auszuhalten, von dem sie wusste, dass er sie erwartete. Ihr Onkologe hatte ihr jedoch versichert, dass ein Morphiummedikament mit lang anhaltender Wirkung ihn erträglich machen würde. »Hast du Angst vor dem Tod?«, fragte ich.

»Es ist ganz merkwürdig«, sagte sie. »Ich bin ein bisschen aufgeregt, weil ich zum letzten großen Abenteuer aufbreche.« Wenn ich einmal sterbe, möchte ich dasselbe fühlen.

Es gibt einen Spruch, der heißt: »Der Tod ist das größte Abenteuer überhaupt. Deshalb kommt er erst zum Schluss.« Osho nannte den Tod oft den höchsten Orgasmus.

Das Leben möchte nicht, dass wir es verpassen. Genauso wie der Körper seine eigenen Wunden heilen und seine Brüche reparieren kann, schützt er uns in traumatischen Umständen, indem er uns in einen Schockzustand versetzt. Wenn Sie sich schon einmal eine heftige Schnittwunde zugezogen haben – von mehreren Zentimetern beispielsweise –, haben Sie vielleicht bemerkt, dass Sie im ersten Moment gar nichts spüren, als wenn der Körper Ihnen in seiner Weisheit Zeit geben würde, zu verstehen, was geschehen ist, bevor Sie anfangen, den Schmerz zu spüren.

Dasselbe gilt für den Tod, nur in einem größeren Ausmaß. Als der Tod auf dem New York State Thruway unausweichlich erschien, räumte »ich« augenblicklich den Körper. Und jeder, der von der Schwelle des Todes zurückgekommen ist, sagt dasselbe.

Es gibt eine Anekdote von der französischen Schauspielerin Sarah Bernhardt. Als ihre Kinderfrau starb, saß die Schauspielerin an ihrem Bett. Später berichtete sie, dass das Gesicht der Kinderfrau im Augenblick des Todes vor Freude erstrahlte. Da wusste sie, dass der Tod eine Schwelle ist, die man nicht fürchten muss.

Wenn Sie dem Tod begegnen, öffnet sich etwas in Ihrem Innern. All die Energie, die ängstlich und verkrampft eingeschlossen war, wird befreit. Es ist eine große Befreiung. Wenn Sie keine Angst vor dem Tod haben, haben Sie vor nichts Angst. Dann können Sie die Illusion der Sicherheit fallen lassen und sich mit der Unsicherheit anfreunden. Sie können anfangen, das Leben so zu leben, wie es wirklich ist. Kein Präsident, Premierminister oder Pastor kann Sie mehr manipulieren. Sie müssen nie mehr Opfer sein.

Der im 18. Jahrhundert lebende amerikanische Wissenschaftler und Erfinder Benjamin Franklin drückte es so aus: »Wer Freiheit für Sicherheit opfert, ist weder frei noch sicher.« Und das ist das Paradox. Wenn Sie nämlich die Unsicherheit des Lebens total akzeptieren und Augenblick für Augenblick im Vertrauen und Nichtwissen leben, sind Sie zum ersten Mal in Ihrem Leben wirklich sicher. Und zum ersten Mal im Leben sind Sie auch wirklich frei.

4

Eine indirekte Annäherung

Wenn Sie auf der amerikanischen Seite der Internet-Buchhandlung *Amazon* das Stichwort »Diät« eingeben, nennt Ihnen die Suchmaschine insgesamt 30 508 Diätbücher, die Sie kaufen können. Von Dr. Atkins' *Diät-Revolution,* über seine *Energie-Diät* und *Ernährungs-Wende* bis hin zu Sarah »Fergie« Fergusons *Dieting with the Duchess* gibt es für jeden ein bewährtes Programm, um überschüssige Pfunde loszuwerden.

Aber ganz selten nur nimmt man nicht genauso viel wieder zu, wie man durch Diäten verloren hat. Über zwei Drittel der amerikanischen Erwachsenen und mehr als die Hälfte der Briten und Australier sind übergewichtig. Die Übergewichtigkeit von Kindern gerät immer mehr außer Kontrolle. Hochgradiges Übergewicht ist so weit verbreitet, dass *Weight Watchers* die Hersteller von Personenwaagen aufgefordert hat, Waagen zu bauen, die bis 270 Kilogramm gehen, atemberaubende 140 Kilogramm mehr als die normale Personenwaage.

Offensichtlich haben die Diäten, die Dr. Atkins, die Herzogin von York und andere empfehlen, bei den Autoren funktioniert. Warum scheitern also so viele Menschen, die eine Diät machen? Es ist schwer, Statistiken zu finden, aber nach Schätzungen derjenigen, die diesen 80 Milliarden Dollar starken Markt beobachten, liegt die Versagensquote bei 95 bis 98 Prozent.

Die Hauptgründe für den Rückfall haben weniger mit den Diäten selber als mit denjenigen zu tun, die die Diät machen:

- ▷ Jeder ist verschieden, und eine Diät, die bei einem Menschen anschlägt (dem Autor des speziellen Diätbuchs beispielsweise) muss nicht unbedingt beim nächsten wirken.
- ▷ Isaac Newtons drittes Gesetz heißt: »Auf jede Aktion folgt eine gleich starke und entgegengesetzte Reaktion.« Mit anderen Worten: Trotz bester Absichten bringt eine exzessive Methode, um abzunehmen, zwangsläufig eine ebenso extreme Gegenreaktion hervor und kann sogar einen Jo-Jo-Effekt von Diäten und Fresslust auslösen.
- ▷ Hinter einer Diät kann leicht der Versuch stecken, eine äußere Lösung für ein inneres Problem zu finden.

Warum nehmen so viele Menschen so viel überflüssige Pfunde zu? Mediziner gehen von körperlichen Ursachen aus, wie Steroiden, Hormonen oder einer Schilddrüsenunterfunktion, doch die meisten Übergewichtigen, die ich kenne, essen, um emotionale Probleme – wie Ärger, Traurigkeit, Gier oder Abhängigkeit, Einsamkeit oder Frustration – zu kompensieren oder einfach, weil sie sich bodenlos langweilen. Auch Geld kann ein Problem sein, weil Familien mit niedrigem Einkommen sich mit billigem, sehr fett- und kohlehydratreichem Junk Food ernähren, wie etwa massenhaft Brathähnchen, die literweise mit zucker- und koffeinhaltigen Getränken heruntergespült werden.

Ich war als Kind dick und kenne daher das Kompensationssyndrom. Nach dem Tod meiner zweiten Mutter knüpfte ich eine meiner engsten Beziehungen: die mit dem Kühlschrank. Ich aß, um das Loch zu stopfen, das die Liebe hinterlassen hatte, die nicht mehr da war.

Wenn jemand, der in diese Kategorie fällt – der isst, um zu kompensieren –, eine Diät beginnt, setzt er auf das falsche Pferd. Wenn ein inneres Problem den Esszwang auslöst, ist die einzige Methode, die wirklich funktioniert, der Ursache des übermäßigen Essens auf den Grund zu gehen und sich mit ihr auseinander zu setzen, ganz gleich, worin sie besteht.

Neti neti kann eine große Hilfe sein, um im Innern zu graben und Gewohnheiten zu suchen und aufzuspüren, die nur Symptome von tieferen, dahinter lauernden Problemen sind. Ich fragte einmal einen hochgradig überentwickelten Bodybuilder, warum er immer noch fortfahre, sich Extramuskeln draufzupacken. Er schaute mich eine Sekunde lang an – in der ich mich schon darauf gefasst machte, einen Schlag verpasst zu bekommen – und antwortete dann: »Ich nehme an, es ist die beste Panzerung.« Viele Menschen drücken ihre Ängste und Verletzlichkeit körperlich aus.

Einige Menschen tauschen nur eine ungesunde Obsession gegen eine vermeintlich gesunde ein, indem sie mit Willenskraft und Verdrängung operieren, um den Tausch zu vollziehen. Kürzlich gab es im Fernsehen einen Bericht über eine Frau, die ein erfolgreiches Diätbuch geschrieben hatte und in ihrem Wohnmobil eine einjährige Lese- und Werbetour durch ganz Amerika unternahm. Außerordentlich hektisch und unaufhörlich plappernd, nur noch aus Haut und Knochen bestehend und aufgezogen wie eine Uhrfeder, war sie die personifizierte Obsession. Der einzige Unterschied zwischen dem, wer sie ist, und dem, wer sie war, ist, dass sie jetzt die Sucht hat, abzunehmen statt zuzunehmen.

Die langfristige Lösung besteht darin, die Ursache ausfindig zu machen und sich mithilfe von *Neti neti,* Beratungsgesprächen, Meditation und allem, was funktioniert, mit ihr auseinander zu setzen – dann werden die überflüssigen Pfunde von selbst purzeln.

Zu lernen, die Ursache statt das Symptom zu behandeln, heißt, eine Lektion zu lernen, von der Sie Ihr ganzes übriges Leben profitieren werden. Wenn Sie an irgendeiner Art Symptom leiden, wie Magersucht oder Fettsucht, oder einem Syndrom, wie Alkoholismus oder Medikamentenabhängigkeit, und Sie können mithilfe von *Neti neti* bis zur Ursache vordringen, wird eine ungeheuer große Energie freigesetzt. Diese nun befreite Energie kann zu einer konstruktiven statt destruktiven Kraft werden.

Nehmen Sie Ihr Leben in die eigene Hand. Wenn Sie zu viel essen, weil Sie einsam sind, gehen Sie weg und unter Menschen statt als Erstes zu versuchen, abzunehmen, insbesondere mit einer Modediät, die zum Scheitern verurteilt ist. Wenn Sie Angst haben und gegen die Angst Tranquilizer nehmen wie Valium, konfrontieren Sie sich mit Ihrer Angst und suchen Sie nach einem Weg, sie zu überwinden. Nichts wird sich ändern, solange Sie sich nicht die Mühe machen, dem, was Sie quält, auf den Grund zu gehen. Und hören Sie währenddessen auf Ihr Herz. Halten Sie fest an der Sehnsucht nach Liebe oder Erfüllung oder was Sie sonst nährt und ganz macht – und schenken Sie dem Feind in Ihrem Kopf keine Beachtung.

Gleichzeitig werden Sie eine größere Lektion lernen und die Wahrheit eines weiteren höheren Gesetzes erfahren: Es gibt einige Dinge im Leben, die man nicht direkt erreichen kann; es gibt Ziele, die wir nur auf Umwegen erreichen können.

Aufgrund ihrer besonderen Eigenart sind einige der besten Dinge im Leben Begleiterscheinungen, und wenn Sie ein bestimmtes Ergebnis anstreben, müssen Sie oft erst etwas anderes bewältigt haben. Um diesen Punkt ausführlicher zu erläutern, wollen wir einige dieser Dinge betrachten:

Glück

Hat Ihnen schon einmal jemand gesagt: »Mach dies, und du wirst glücklich werden«? Wir sind zwar alle miteinander verbunden, Blätter an einem gemeinsamen Baum des Lebens, aber jeder ist ein einzigartiger und individueller Ausdruck dieses Lebens. Wie kann man also erwarten, dass das, was den einen Menschen glücklich macht, auch Sie und mich glücklich machen wird? Meine ersten dreißig Lebensjahre verbrachte ich damit, auf den ausgetretenen Wegen meines Vaters und der Generation von Männern vor ihm zu wandeln. Bestimmte Ziele mussten erreicht werden – eine viel versprechende Karriere, ein gutes Einkommen, ein tolles Auto, viel Sex –, und ein glückliches Leben war garantiert. Wie Millionen anderer junger Männer meiner Generation übernahm ich diese Ziele, bis ich eines Tages erkannte, dass ich seit langem den letzten Punkt auf der Liste abgehakt hatte und trotzdem nicht glücklich war. Ich hatte auch keine Ahnung, was ich als Nächstes tun sollte.

Ich wandte mich an einen Freund, der Arzt war und damit zu einer der auserwählten Gruppen gehörte, durch deren Mund, wie man mich als Kind gelehrt hatte, stets zuverlässig die Wahrheit sprach.

Ich wurde nicht enttäuscht. »Was erwartest du von mir?«, fragte er mich. Er erklärte mir, dass er im selben Boot saß wie ich und dass das für so gut wie alle galt, die er kannte. »Soll ich dich zu einem Psychiater überweisen?«, fragte er. »Aber das ist sinnlos. Die meisten von ihnen sind schon jetzt verrückter, als du es je sein wirst. Ich fürchte, du bist auf dich selbst angewiesen, so wie alle anderen auch.«

Da ich darauf getrimmt war, mich treu an die gesellschaftlichen Spielregeln zu halten, war es mir nie in den Sinn gekommen, dass ich die Freiheit hatte, nicht nur zu entscheiden, in welche Richtung mein Leben laufen sollte, sondern auch, wie ich dorthin gelangte. Ich wusste, dass mein Freund, der Arzt, Recht hatte. Mein Glück hing nicht davon ab, jemandem nachzueifern; die ganze Verantwortung lag in meiner Hand.

Ich brauchte Zeit und musste herumexperimentieren, um mein Leben umzugestalten und das zu demontieren, was ich mir bereits aufgebaut hatte. Ich begann etwas zögerlich, indem ich mir zunehmend die Erlaubnis gab, das zu tun, was ich tun wollte, und so zu sein, wie ich sein wollte. Und als meine Entschlossenheit mit der Zeit wuchs, stellte ich fest, dass ich immer mehr auf eine Art lebte, die sich für mich richtig anfühlte. Sobald ich die Freude und Freiheit geschmeckt hatte, die daher rühren, dass man sich selbst gegenüber ehrlich ist, schaute ich niemals mehr zurück.

Es gab Menschen, die ich kränkte – das ist immer so, wenn man die Normen der Sippe und den Status quo zurückweist –, aber wenn sich die Gelegenheit dazu bot, habe ich mich mit den Jahren bei allen entschuldigt, denen ich auf die Füße trat, als ich den Weg zur Befreiung entlangstolperte.

Glück kann man nicht auf direktem Wege erreichen; so funktioniert es nicht. Glück entsteht, wenn die Bedingungen stimmen – und Ihre Bedingungen sind anders als meine. Glück ist die Begleiterscheinung eines authentischen, liebevollen und verantwortlichen Lebens, und das ist ein Leben unbefrachtet von Fremdherrschaft und Einmischung, ob vonseiten der Eltern, des Mentors oder Priesters oder des Feindes in unserem Kopf.

Erfolg

Erfolg stellt sich als Begleiterscheinung von richtigem Handeln ein. Mit »richtigem Handeln« meine ich in diesem Zusammenhang eine Mischung aus mehreren Zutaten – Zielgerichtetheit, intelligente Beobachtung, Durchhaltevermögen und eine Bereitschaft, hart zu arbeiten.

Offen gestanden bezweifle ich, dass das jeweilige Betätigungsfeld eine große Rolle spielt. Ich bin zu der Schlussfolgerung gelangt, dass das Rezept im Prinzip immer dasselbe ist, ganz gleich, ob man erfolgreich in einer Beziehung leben, Kinder aufziehen, ein Bücherregal zimmern oder sich eine Karriere aufbauen will. Gutes Brot ist gutes Brot, egal, ob es sich um reines Weißbrot handelt oder um ein Mischbrot mit Milchglasur und Sonnenblumenkernen garniert.

Nach 15 Jahren in der Öffentlichkeitsarbeit und einem Jahrzehnt in einer autarken spirituellen Gemeinschaft musste die Rückkehr in die üblichen Bahnen im Alter von 48 Jahren und einem völlig neuen Land eine Herausforderung sein. Glücklicherweise boten mir Freunde eine Unterkunft und ein Auto an, als ich beides brauchte. So waren Probleme wie Essen, Unterkunft und Fortbewegung vorübergehend abgedeckt – und das machte es mir möglich, mich darauf zu konzentrieren, einen neuen Berufsstart in Angriff zu nehmen.

Ich hatte schon die Richtung. Ich wusste, dass ich schreiben wollte. Ich wusste auch, dass ich nicht den Beschränkungen eines Angestelltenverhältnisses unterworfen sein wollte. Ich stellte mir die Freiheit vor, zu Hause zu arbeiten. Ich erstand eine IBM Selectric, eine elektrische Kugelkopfmaschine, die das Modernste war, was es damals gab, und richtete meine Aufmerksamkeit darauf, wie ich Geld verdienen konnte.

Ich schaute mich in Sydney um, um zu sehen, wo man mit Schreiben etwas werden konnte. Mit Computern, so glaubte ich, war Geld zu verdienen. Es war Mitte der 80er Jahre, und mit Computern ging es gerade erst los. Ich hatte keine Ahnung, wie diese Geräte funktionierten; es war mir auch egal. Doch ich hatte einen guten Riecher dafür, dass Computer mit all ihren Anwendungsmöglichkeiten eingesetzt werden konnten, um die Unternehmensproduktivität und den Profit zu steigern.

Darauf konzentrierte ich mich. Intelligente Beobachtung bedeutet, dass man einen potenziell lukrativen Markt ausfindig macht und dann die Nische bestimmt, die für einen richtig ist.

»Haftfaktor« ist ein großes Wort. Entstanden als Produkt des Internets und des elektronischen Handels, beschreibt dieses Fliegenfänger-Prinzip Maßnahmen, mit denen Besucher so lange wie möglich auf einer Webseite gehalten werden, was die Chance steigert, dass sie etwas kaufen und immer wieder auf die Webseite zurückkehren.

Der Haftfaktor ist auch eine der wesentlichen Zutaten für die Mischung, die Erfolg ermöglicht. Ich muss meiner damaligen Freundin, einer sehr intuitiven Frau, für diesen Hinweis danken. Zu Anfang meiner freiberuflichen Schreibtätigkeit sagte sie mir: »Mein Gefühl ist, dass aus diesem Schreibprojekt nichts werden wird, wenn du nicht tief in dich hineingehst und eine Energieebene erschließt, die du selten gebrauchst.« Wenn ich die Wahrheit höre, egal, von wem sie kommt, beginnt bei mir eine innere Glocke zu läuten. Ich wusste, dass sie Recht hatte. Die nächsten sechs Monate saß ich vor der IBM Selectric und rührte mich nicht vom Fleck.

In dieser Zeit kam eine Dynamik in Gang; ein Rad wurde in Bewegung gesetzt. Wie immer im Leben führte ein Schritt zum nächsten: Ich hatte gerade einen Auftrag in den Umschlag gesteckt, als der nächste kam. Seit 15

Jahren hält diese Dynamik an – und auch wenn das Schreiben über Computer sich zum Schreiben über Telekommunikation entwickelt hat, ist der rote Faden immer noch erkennbar. Bei jedem Projekt, das ich bekomme, kann ich immer noch den Faden zurückverfolgen, der zu meinem allerersten bezahlten Auftrag in Australien zurückführt, einer Broschüre über Geschäftssoftware.

Für die letzte Zutat – die Bereitschaft, hart zu arbeiten – bin ich meinem Vater dankbar. »Wenn jemand dich für eine Arbeit bezahlt, hast du die Pflicht, sie nach bestem Wissen und Gewissen zu erledigen«, sagte er mir einmal. Ich erlebte die Befriedigung und Selbstachtung, die diese Haltung ihm jeden Tag in seinem Arbeitsleben eintrug – und es gelang ihm, diese Eigenschaft an mich weiterzugeben.

Und Geld? Geld ist eine Begleiterscheinung. Mir gelingt es, einen fairen und akzeptablen Vorschuss für das zu bekommen, was ich tue, und das ist die einzige Aufmerksamkeit, die ich dem Geld schenke und die notwendig ist. Ich konzentriere meine ganze Energie darauf, meine Arbeit so gut wie möglich zu machen – und das Geld folgt auf dem Fuße.

Erfolg ist eine Begleiterscheinung; er kommt nicht direkt. Wie der amerikanische Autor Henry David Thoreau so treffend sagte: »Der Erfolg stellt sich gewöhnlich bei denen ein, die zu viel zu tun haben, um nach ihm Ausschau zu halten.«

Kreativität

Kreativität ist eine Begleiterscheinung der Stille.

Vor dem Unfall auf dem New York State Thruway hatte ich »Stille« immer mit dem Fehlen von Geräuschen gleichgesetzt. Aber die Stille, die mir an diesem regnerischen Aprilabend begegnete, war völlig anders. Zunächst einmal befand sich diese Stille in mir und nicht außerhalb von mir – ein grenzenloses Meer von stiller Leere jenseits des Verstandes. Zweitens war diese Stille keine Abwesenheit; sondern eine Präsenz, eine pulsierende Erwartung, von Energien wimmelnd, die darauf warteten, Form anzunehmen. Aus dieser stillen, formlosen Leere entsteht die Form – entweder ich oder Sie als Embryo oder eine Symphonie in einem Beethoven, der das Gehör verloren hat.

Was die Kreativität angeht – Malen, Schreiben, Entwerfen, Gärtnern, Kochen, Saubermachen oder etwas anderes –, so sind wir das Vehikel, durch das die Form Gestalt annimmt. Es ist der Prozess, der im Zen als »ein hohler Bambus sein« beschrieben wird und den die Lakota-Indianer »ein hohler Knochen sein« nennen. Wenn Sie ein Samenkorn öffnen, scheint es leer zu sein, aber aus dieser Leere kann sich ein Baum entwickeln. Das Einzige, was notwendig ist, sind die richtigen Bedingungen.

Dasselbe gilt auch für die Kreativität. Sie mögen den inneren Drang haben zu fotografieren, zu schreiben oder zu bildhauern, aber wenn die Bedingungen nicht stimmen, wird nie etwas zustande kommen, das Ihre Sehnsucht erfüllt.

Die erste Bedingung ist die Fähigkeit, still zu sein. Ein

Künstler ist während der Arbeit in eine Blase der Stille gehüllt, die buchstäblich greifbar ist. In dieser Stille liegt Aufmerksamkeit – ein stilles Lauschen auf die innere Stimme, die Intuition, das, was mein Freund Peter Mandel die »Einflüsterungen« nennt. Ob sich diese Einflüsterungen als Worte, Töne oder Bilder äußern, hat nur mit Ihnen, Ihrer individuellen Kreativität, zu tun. Beim Schreiben spüre ich, dass eine Energie in meiner Brustmitte entsteht und dann durch meine Finger strömt, um auf dem Bildschirm die Gestalt von Worten anzunehmen.

Das Schwierigste am Anfang ist, den Feind in Ihrem Kopf bei dem Prozess auszuschalten. Er will nicht, dass Sie etwas Schönes schreiben, bildhauern oder malen. Lernen Sie also, ihm im schöpferischen Prozess keine Beachtung zu schenken, ihn in Schach zu halten. Seien Sie der Herr im Hause. Benutzen Sie den Verstand als Werkzeug für die Rechtschreibung, für die Entscheidung, welchen Meißel Sie brauchen oder wie viel Leinöl notwendig ist, um eine bestimmte Menge Farbe anzumischen – aber mehr nicht. Osho sprach oft von Kunst, die durch Stille entsteht, im Gegensatz zu »Kunst«, die ein Produkt des Verstandes ist. Erstere ist authentische Kunst, letztere nichts weiter als ein Sichentleeren auf der Leinwand oder der gedruckten Seite.

Die zweite Bedingung ist Technik. In Ihrem Innern können die schönsten Bilder erstehen, doch wenn Sie nicht wissen, wie Ihre Digitalkamera funktioniert, werden Sie niemals imstande sein, die Bilder zu machen, die Sie machen wollen. Wie können Sie Skulpturen gestalten, wenn Sie nicht schnitzen oder den Stein bearbeiten können? Wie wollen Sie schreiben, wenn Sie nicht wissen, wie man etwas betont und den Leser lenkt, damit er das, was Sie geschrieben haben, auf die Weise liest, wie Sie wollen, dass es gelesen wird?

Verena entwickelte plötzlich ein Interesse an Mosaiken. Das erste, was sie tat, war, einen Kurs zu besuchen, um die Technik des Klebens und Verfugens und die Untergründe kennen zu lernen, die man am besten benutzt. Inzwischen stellt sie in ihrer Werkstatt aus ihrer inneren Stille und der Kenntnis des von ihr gewählten Materials Mosaiken von einer Schönheit und Originalität her, über die sie, wie ich sehe, selbst ins Staunen gerät.

Bewusstheit

Bewusstheit ist eine Begleiterscheinung der Meditation. Bewusstheit entsteht, wenn der Zeuge aktiviert worden ist, wenn das Bewusstsein, das das wirkliche »Ich« ist, plötzlich auftaucht – eine greifbare innere Präsenz, die leidenschaftslos und distanziert beobachtet, was innen und außen vor sich geht und dies ohne Meinung, Kommentar oder Werturteile tut. Es ist der Zustand des Nichturteilens, den Buddha das »nicht unterscheidende Bewusstsein« nannte.

Mithilfe des Bemühens und einer hingebungsvollen und fortgesetzten Meditationspraxis wird das Zeugenbewusstsein schließlich zu einem mühelosen Zustand – und dann sind Sie wie beim Breitband-Internet immer »eingeschaltet« in das, was in Ihrem Körper, Ihren Gefühlen und Ihrem Verstand abläuft. Dieses Bewusstsein ist in der Aktivität und Nichtaktivität da, wenn Sie mit anderen zusammen und wenn Sie allein sind. Auch wenn Sie schlafen und träumen, sind Sie sich bewusst, dass Sie sich in einem Traum aufhalten.

Der Versuch, Bewusstheit direkt zu schulen, wird immer sehr anstrengend sein. Versuchen Sie es. Versuchen Sie, bewusst zu gehen, Ihre Aufmerksamkeit wie spirituellen Klebstoff auf einen Schritt nach dem nächsten zu richten. Versuchen Sie, bewusst zu kauen, bewusst mit dem Müsli am Frühstückstisch zu verschmelzen. Es ist strapaziös. Es ist deshalb so anstrengend, weil es sich um Konzentration handelt, die sich als Bewusstheit verkleidet. Es ist anstrengend, die Ressourcen des Verstandes aufzubieten, um eine Angelegenheit oder Tätigkeit maximal zu überprüfen. Sich konzentrieren ist Aufmerksamkeit durch die Brille des Verstandes; er hat nichts mit Bewusstheit zu tun. Überdies ist es sehr harte Arbeit.

Es gibt eine wunderbare Zen-Geschichte, die das allgegenwärtige Wesen der Bewusstheit gut zum Ausdruck bringt. Ein Zen-Mönch steht im Begriff, das Kloster zu verlassen und in die Welt hinauszugehen, um zu lehren. Für seine letzte Prüfung – seine metaphysische Lizenz sozusagen – tritt er vor seinen Meister.

»Ich habe eine Frage«, sagt der Meister zum Schüler, der mit gekreuzten Beinen auf dem Boden vor ihm sitzt. »Auf welcher Seite der Tür hast du deinen Regenschirm abgestellt?«

Bewusstheit heißt, in jedem Augenblick präsent zu sein. Sie wird zur zweiten Natur wie das Atmen. Aber man kann sie nicht direkt erreichen. Sie ist eine Begleiterscheinung der Meditation.

Wachstum

Wachstum ist eine Begleiterscheinung des Leidens. Wachstum ist Evolution; es ist ein dem Prozess des Lebendigseins innewohnender Trieb. Wenn wir aufhören, uns zu entwickeln, beginnen wir zu sterben – der Körper ebenso wie der Verstand. Schauen Sie Menschen in die Augen, die es aufgegeben haben zu wachsen. Ihre Augen sind trüb und leblos; sie haben das Lebendigsein verkümmern lassen. Wir sind hier, um zu wachsen. So wie jeder von uns sich mit einer physischen Blaupause inkarniert, einer DNA mit verschlüsselten genetischen Informationen, die vererbte Merkmale übermitteln, kommen wir in dieses Leben auch mit einem persönlichen Drehbuch, einem »Seelen-Code«, einer seelischen DNA, die die Art des Lebens festlegt, das wir leben werden, der Schwierigkeiten, die uns begegnen werden, und der Schmerzen, die wir erleiden werden, bis hin zu den Menschen, die wir lieben und der Kreativität, die wir zum Ausdruck bringen werden.

In seinem Buch *Charakter und Bestimmung* legt der Psychoanalytiker und Autor James Hillman seine so genannte »Eicheltheorie« dar. So wie das Samenkorn unsichtbar den ganzen Baum in sich enthält, steht unsere Bestimmung von Anfang an fest, sagt Hillman. Diese Bestimmung ist jedoch eine potenzielle, und wir haben die vollständige Freiheit, sie zu verfehlen. Ich wage die Behauptung, dass die Mehrzahl der Menschen durchs Leben geht, ohne ihr Potenzial zu erfüllen. Wie schaffen wir die richtigen Bedingungen, um das unsichtbare Potenzial sichtbar zu machen? Kultivieren Sie Bewusstheit. Neutralisieren Sie den Feind in Ihrem Kopf. Schälen Sie methodisch die Schichten der Konditionierungen und Programmierungen ab, unter denen sich Ihr authentisches Selbst versteckt. Werden Sie so wirklich, wie Sie können. Begrüßen Sie die Herausforderungen, die das Leben bringt – mitsamt dem Schmerz und Leiden –, und meistern Sie die Lektionen, die zu lernen Sie hierher gekommen sind.

Worin bestehen diese Lektionen? Schenken Sie den Erfahrungen, die das Leben Ihnen liefert, Aufmerksamkeit. Sie kommen zu Ihnen, weil sie die Probleme beinhalten, die Sie sich anschauen, die Lektionen, die Sie lernen müssen. »Erfahrung ist der beste Lehrmeister«, heißt es – und das bedeutet, aus Fehlern zu lernen. Ich finde es nicht so schlimm, einen Schnitzer zu machen. Ich versuche nur, denselben nicht zweimal zu machen.

Unter den vielen Lehrmeistern, die das Leben anzubieten hat, ist die Natur einer der besten. Ich sehe meine tiefere Wirklichkeit fast überall gespiegelt, wo ich hinschaue. Gehen Sie beispielsweise an den Strand und beobachten Sie die Wellen. Der Ozean Ihrer Emotionen besteht auch aus Wellen – Berg und Tal, auf und ab. Die Wellen rufen mir immer in Erinnerung, dass ich mich entspannen, einen Schritt zurücktreten und mit dem Fluss gehen sollte. Sie erinnern mich daran, nicht an Höhen oder Tiefen anzuhaften, sondern die Dinge einfach kommen und gehen zu lassen – denn wie König Salomons »magischer Ring« ihm als Mahnung über alles im Leben sagte: »Auch dies wird vergehen.«

Wir haben keinen Einfluss auf das Längenwachstum unseres Körpers: Seine Größe ist genetisch festgelegt. Aber unser inneres Wachstum steht uns frei; es ist eines der Risiken des freien Willens. Ganz gleich, wie viel versprechend die Gelegenheit oder wie groß die Herausforderung ist, wir haben immer die Freiheit, nein zu sagen. Nein ist eines der Lieblingsworte des Feindes in unserem Kopf.

Viele Menschen sind chronische Neinsager, und jeder kennt unzweifelhaft ein paar von ihnen. Das sind Menschen, die automatisch und ohne eine Sekunde nachzudenken, auf alles, was man ihnen vorschlägt, mit einem kategorischen Nein antworten. Meinem Gefühl nach handelt es sich um eine Gewohnheit, eine Art, die Kontrolle zu behalten, aber was auch immer der Grund sein mag, es zerstört auf der Stelle jegliche Spontaneität, jeden Gedanken daran, zur Abwechslung einmal etwas anderes zu tun.Wenn man die Betreffenden auf dieses gewohnheitsmäßige Verhalten hinweist, streiten sie es ab, denn das Nein kommt so automatisch, dass sie überhaupt nicht merken, dass sie regelmäßig so reagieren. Hier folgt eine einfache Technik, die speziell für solche Menschen und Situationen gedacht ist. Sie macht hervorragend den Unterschied zwischen dem Ja- und dem Neinsagen deutlich. Prüfen Sie Ihre Wirksamkeit, indem Sie sie ausprobieren:

Wählen Sie eine bestimmte Zeitspanne – eine halbe Stunde, zwei Stunden, einen ganzen Tag –, in der Sie sich darauf einlassen, zu allem Ja zu sagen, was von Ihnen erbeten wird. »Bist du mit geräuchertem Tofu zum Abendessen einverstanden?«

»Ja« – selbst wenn sich Ihnen bei dem Gedanken der Magen umdreht.

»Die Jungs wollen heute Abend bei uns Karten spielen. Bist du einverstanden?«

»Ja« – selbst wenn Sie es mit zusammengebissenen Zähnen sagen.

»Einige von uns gehen in den neuen Nicole-Kidman-Film. Willst du mitkommen?« »Ja« – selbst wenn Sie ihn bereits gesehen haben und kein Kidman-Fan sind.

Unmittelbar danach und genauso lange wiederholen Sie dieselbe Übung mit Nein. Sie werden erstaunt sein, wie anders beides sich anfühlt.

Neinsagen legt deutlich die Rigidität des Ego, der Persona, bloß. »Sie« sind da, ganz da – manchmal schmerzhaft da und fest wie ein Fels. Sie sind auch in sich verschlossen, rechthaberisch und wertend – und das fühlt sich nicht gut an. Diese spezielle Technik soll die Gewohnheit des Neinsagens brechen, obwohl es natürlich auch Situationen gibt, in denen Neinsagen das einzig Richtige ist und Sie, wenn Sie zum anderen Nein sagen, zu sich selbst Ja sagen.

Jasagen ist wie eine Sommerbrise, als würde man frische Luft einatmen. Das Ego ist nicht beteiligt. Sie sind nichts als Bereitwilligkeit, ein Rohr, ein hohler Bambus, durch den ein unbekanntes Abenteuer im Begriff ist hindurchzufließen. Und das fühlt sich großartig an. Sagen Sie Ja zum Wachstum. Und da Sie Wachstum nicht direkt erreichen können, bedeutet das, Ja zu Schmerz und Leiden zu sagen – weil Leiden der Motor ist, der das Wachstum anschiebt. Ich bin immer verblüfft, wenn mir Menschen begegnen, die kein Wachstum wollen, die lieber dort stehen bleiben, wo sie sind, obwohl es ihnen schlecht geht.

Es gibt Menschen, die ständig anderen die Schuld für ihre Probleme geben und sich weigern, die Verantwortung für ihr eigenes Leben zu übernehmen. Ich habe jemanden einmal darauf hingewiesen, und er stand einfach auf und ging.

Als ich vor vielen Jahren ein paar Tage in Toronto war, rief ich einen Mann an, den ich seit meinem dritten Lebensjahr kenne. Er freute sich sehr. Wir hatten uns das letzte Mal vor acht oder neun Jahren gesehen, und es gab eine Menge zu berichten.

Wir trafen uns in einer Kneipe in der Stadt, und beim zweiten Bier stand er plötzlich auf, holte Kleingeld aus seiner Jackentasche und legte es mit den Worten auf den Tisch: »Ich werde jetzt gehen, und ich möchte dich nie mehr wiedersehen.«

Ich hatte geglaubt, wir hätten uns prima unterhalten.

»Ich habe einen Job, der mir zum Hals heraushängt«, begann er, und dann fuhr er fort, eine Reihe von anderen Aspekten in seinem Leben aufzuzählen, die ihm missfielen. »Während wir uns hier unterhalten«, sagte er zum Schluss, »graben ein paar Arbeiter meinen Hof auf, um einen Swimmingpool zu bauen, den ich mir nicht leisten kann.«

Er schaute an mir herunter, wie ich da mit meinem Glas Bier saß, das ich halb zum Mund geführt hatte. »Ich sitze in der Falle, und du bist frei«, sagte er. »Das gibt mir ein schlechtes Gefühl für mich selbst, und deshalb will ich dich nie mehr sehen.« Er drehte sich auf dem Absatz um und ging.

Der eine Mann in ihm erkannte das Problem an, und der andere lief weg, aber beiden ging es darum, Leiden zu vermeiden. Jeder Vorfall in seinem Leben war die Weigerung, ein Licht auf die inneren Schatten zu werfen, den Schmerz zu enthüllen, der bewusst oder unbewusst vergraben worden war, und ihn dem Licht und der Luft auszusetzen, damit er heilen konnte.

Nur wenn Sie darauf vorbereitet sind zu leiden, werden Sie wachsen – denn wenn wir leiden, wird uns bewusst, dass etwas falsch ist, dass die Dinge nicht so sind, wie wir sie gern hätten. Sich ein Problem einzugestehen ist der erste Schritt zu seiner Lösung.

Denken Sie über Schmerz nach. Schmerz, physisch oder emotional, ist die Art und Weise, wie das Leben uns sagt, dass etwas falsch läuft, dass wir auf irgendeinen Punkt in diesem Verstand-Körper-Komplex unsere Aufmerksamkeit richten müssen. Natürlich haben wir immer die Freiheit, die Botschaft zu ignorieren. Eine beliebte Methode ist, den Boten zum Schweigen zu bringen. Von Schmerzmitteln für Erwachsene bis hin zum aromatisierten Antidepressivum für Kinder gibt es etwas auf dem Markt, um jeden Schmerz zu betäuben und uns in dem Glauben zu wiegen, dass alles in Ordnung ist. Wenn Sie genug Zeug unter den Teppich gekehrt haben, werden Sie schließlich über die Beulen stolpern.

Ich war einmal dabei, als jemand glaubte, in meinem Wohnzimmer einen Herzanfall zu haben. Es war jemand, der Emotionen für einen Konstruktionsfehler bei Menschen hält – ein Urteil, das ich mir persönlich für Zähne vorbehalte – und alles tut, um sich bloß nicht mit ihnen zu konfrontieren oder sie zu spüren.

Nun begann er plötzlich zu hyperventilieren und steuerte auf eine massive Panikattacke zu, als Verena sich neben ihn setzte, seine Schultern hielt und eine Hand auf sein Herz legte. Er brach umgehend in Tränen aus und weinte beinahe eine halbe Stunde lang. Es war kein Herzanfall. Er war einfach über eine Beule gestolpert. Wenn Sie Ihre Emotionen unterdrücken und die natürlichen Auslassventile schließen, sind Sie auf dem besten Wege, krank zu werden.

In *Heilen mit Farben,* meinem Buch über das Leben und Werk des deutschen Heilpraktikers Peter Mandel und sein System der Farbpunktur, schrieb ich über das Entziffern der Botschaften, die sich hinter unseren Beschwerden und Schmerzen verbergen. Nach Mandels Ansicht und der vieler anderer Heilpraktiker bilden ungelöste emotionale Konflikte die Grundursache von Krankheiten. Falls Sie nur mit Schulmedizin vertraut sind, gebe ich Ihnen folgendes Beispiel:

Meine Mutter starb, als ich zwei Monate war. Danach, so hat man mir berichtet, weinte ich nach ihrer Nahrung und Liebe, wenn ich nicht gerade schlief. Schließlich bekam ich einen schlimmen Keuchhusten. Jahre später erkannte ich mithilfe einer Meditationstechnik, dass das Weinen nach meiner Mutter – das unbeantwortet und damit ungelöst geblieben war – sich in meinem Körper als Krankheit niedergeschlagen hatte, als Keuchhusten.

Der emotionale Konflikt verschwand mit dem Keuchhusten nicht. Wenn es notwendig ist, sich eines Problems bewusst zu werden, hat ein Baby keine großen Chancen. So zog sich der innere Unfriede durch meine ganze Kindheit – und so regelmäßig wie der erste Schnee stellte sich bei mir jeden Winter eine Bronchitis ein.

»In den Lungen steckt der Kummer«, pflegte meine Großmutter zu sagen. Und sie hatte Recht. Als ich erwachsen wurde, spürte ich einen bodenlosen Abgrund von Kummer in mir. Er war immer da; ich lernte einfach, mit ihm zu leben. Nachdem ich begonnen hatte zu meditieren, öffneten sich die Schleusen der Trauer, und ich verbrachte einige Jahre lang mehr Zeit mit Weinen als mit Nichtweinen – was schließlich in einer Lungenentzündung gipfelte, die mich vier Wochen ans Bett fesselte. Danach hatte ich keine Bronchitis mehr.

Wenn wir hören lernen, was unsere Beschwerden und Schmerzen uns mitteilen wollen, kann das ein entscheidender Schritt dazu sein, Krankheiten vorzubeugen. Wenn der Bekannte in dem gerade erwähnten Beispiel, der glaubte, einen Herzanfall zu haben, nicht lernt, seine Emotionen herauszulassen, wird er vielleicht eines Tages feststellen müssen, dass seine Beschwerden nicht länger eingebildet, sondern real sind.

Lernen Sie aus allem, was das Leben Ihnen bringt. Alles hat einen Grund – besonders das Leiden.

Um zur Grundursache des Leidens vorzudringen und die Lektionen zu lernen, die es beinhaltet, steht Ihnen ein mächtiges Werkzeug zur Verfügung: die Ihnen innewohnende Kraft der Beobachtung und Untersuchung.

Beobachten Sie Ihr Leiden. Erkennen Sie es an. Aber machen Sie sich nicht vor, dass es von außen verursacht ist. Es mag durch irgendeinen äußeren Einfluss ausgelöst sein, aber Ihr Leiden ist immer Ihr eigenes. Das zu lernen ist eine der wichtigsten Lektionen im Leben. Das zu verstehen heißt zu wachsen.Untersuchen Sie Ihr Leiden, jedesmal wenn Sie leiden. Fangen Sie an, es kennen zu lernen, statt es herunterzuschlucken oder zu versuchen, es zu bemänteln. Das Leiden sagt Ihnen, dass etwas falsch läuft, dass irgendein Problem oder eine Angelegenheit angegangen werden muss. Und ganz gleich, ob es sich um ein emotionales oder körperliches Problem handelt, es geht immer ein Knoten, eine Einengung irgendwo im Körper damit einher. Finden Sie den Knoten. Finden Sie heraus, wo er sitzt. Nehmen Sie seine Art und Beschaffenheit zur Kenntnis. Fühlen Sie ihn, hören Sie auf ihn. Beobachten Sie ohne Meinung oder Urteil, wo, wann und wie er sich bewegt. Und wenn Sie ihn zu fassen bekommen, gehen Sie tiefer; nehmen Sie ihn mehr nach innen.

Und seien Sie geduldig. Meine Lieblingsmethode der Introspektion besteht darin, mich hinzulegen, die Außenwelt mit einer Augenbinde auszuschließen und meinen Blick nach innen zu richten. Das mache ich seit Jahren so, oft stundenlang. Irgendwann kommt immer der Punkt, an dem das Problem an die Oberfläche steigt und sich plötzlich enthüllt.

Dann stellen Sie sich ihm. Schauen Sie direkt die Ursache Ihres Leidens an und hören Sie auf das, was es zu sagen hat. Die Energie, die im Leiden eingeschlossen war, wird befreit, sie wird wieder zu fließen beginnen, und Sie werden frei sein, weiterzugehen. Leiden in Befreiung verwandeln heißt wachsen.

Liebe

Auch Liebe kann man nicht auf direktem Wege erreichen. Haben Sie je versucht, sich zu verlieben? Ich habe es probiert, und es funktioniert nicht. Ich habe mehrere Jahre mit einer Frau verbracht, die ich versucht habe zu lieben, aber ohne Erfolg. Es entspricht einfach nicht der Natur der Dinge.

Ich war in meinem Leben zweimal richtig verliebt – einmal vor vielen Jahren und jetzt. In beiden Fällen ist die Liebe einfach eingeschlagen wie ein Blitz. Jedes Mal war die Erkenntnis da: »Das ist die Frau, auf die ich gewartet habe.« Und jedes Mal empfanden wir es beide als Geschenk vonseiten der Existenz: eine Begegnung und gleichzeitig der Beginn des nächsten Kapitels in unserer persönlichen Entfaltung.

Erleuchtung

Mit der Erleuchtung verhält es sich genauso wie mit der Liebe. Man kann die Erleuchtung nicht direkt erreichen – trotz anders lautender Behauptungen aus vielen Ecken der so genannten »New Age«-Bewegung. Es gibt beispielsweise eine populäre Bewegung in Kalifornien, die auf dem Gedanken gründet, dass, wenn man nur die Sehnsucht nach Erleuchtung stärkt und sich dabei mit anderen zusammentut, dies eine Beschleunigung zur Folge hat. Das würde mich wundern. Was ich bei vielen Menschen beobachtet habe, die sich dieser Idee verschreiben, ist eine lieblose und aggressive Haltung von »wir gegen die anderen«. Erleuchtend? Ich glaube nicht.

Bevor Sie sich auf einen Weg einlassen, prüfen Sie ihn – und auch diejenigen, die ihn propagieren. Schauen Sie, ob Sie sich mit diesen Menschen wohl fühlen, ob sich der Weg richtig für Sie anfühlt. Und vertrauen Sie Ihrer Intuition, dem, was Ihr Bauch Ihnen sagt. Ihre innere Stimme kann am besten beurteilen, was für Sie richtig ist.

Osho sprach von zwei Stadien auf dem Weg der Erleuchtung: erstens dem Stadium der Bemühung und zweitens dem Stadium der Mühelosigkeit. Erleuchtung tritt nur als Begleiterscheinung des zweiten Stadiums auf, sagte er, wenn man alles Bemühen fallen gelassen hat und nur das Zeugenbewusstsein bleibt.

Das klassische Beispiel dafür, was geschieht, wenn man das Bemühen voll und ganz aufgibt, ist die Geschichte von Prinz Siddharta, der zum Buddha wurde. Nach sechs Jahren der Disziplin und Entbehrung gab er seine Suche schließlich auf, weil er einsah, dass ihm nichts mehr blieb, was er tun konnte. Als er unter einem Bodhibaum saß, ließ er alle Anstrengung fallen, und noch in derselben Nacht wurde er erleuchtet.

Wir werden erleuchtet geboren, pflegte Osho zu sagen; Erleuchtung ist unsere wahre Natur. Das einzige wirkliche Hindernis ist unsere Vergesslichkeit. Wir haben unsere Wirklichkeit vergessen aufgrund dessen, wofür wir uns halten, weil wir uns mit dem konditionierten und zum Elend neigenden Verstand identifizieren.

In der Einleitung zu seinem Buch *Jetzt! Die Kraft der Gegenwart* schreibt der moderne Guru Eckhart Tolle über seine Erfahrung:

> Ich wusste natürlich, dass etwas zutiefst Bedeutsames mit mir geschehen war, aber ich verstand es nicht. Erst einige Jahre später, nachdem ich spirituelle Texte gelesen und Zeit mit spirituellen Lehrern verbracht hatte, erkannte ich, dass das, wonach andere suchen, für mich bereits geschehen war. Ich verstand, dass der intensive Leidensdruck mein Bewusstsein in jener Nacht wohl dazu gezwungen hatte, sich aus der Identifikation mit dem unglücklichen

> und zutiefst ängstlichen Selbst zu lösen, welches ja letztendlich eine Einbildung des Verstandes ist. Der Rückzug muss so vollständig gewesen sein, dass das unechte, leidende Selbst sofort in sich zusammenbrach, so als wenn man den Stöpsel aus einem aufblasbaren Spielzeug herausgezogen hätte. Was zurückblieb, war meine wahre Natur – das stets gegenwärtige *Ich bin:* reines Bewusstsein, bevor es sich mit Form identifiziert …
>
> Später kamen die Leute gelegentlich auf mich zu und sagten: »Ich möchte haben, was du hast. Kannst du es mir geben oder mir zeigen, wie man es bekommt?« Dann sagte ich: »Du hast es bereits. Du kannst es nur nicht fühlen, weil dein Verstand so viel Lärm macht.«

Heutzutage ist Erleuchtung zu einer marktgängigen Ware geworden, ein Verkaufsanreiz, um so genannte spirituelle Gruppen zu füllen. Eine Therapeutin und Bekannte, die genauso unerleuchtet ist wie wir Übrigen, rief uns eines Abends an, um mich einzuladen, an einem weiteren Seminar teilzunehmen, für das sie warb. »Es ist der direkteste Weg zur Erleuchtung, der mir je begegnet ist«, sagte sie. »Woher weißt du das?«, fragte ich. Sie hat nie mehr angerufen.

Ich persönlich habe den Wunsch nach Erleuchtung vor Jahren aufgegeben und meine Aufmerksamkeit darauf verlagert, den Verstand zu benutzen, um den Verstand zu besiegen und dem Feind in meinem Kopf mithilfe meiner Intelligenz einen Strich durch die Rechnung zu machen. Der Verstand ist ein großartiges Werkzeug, doch seine wirkliche Rolle besteht darin, zu dienen und nicht zu herrschen. Was wir auf dem Weg zur Wahrheit und Befreiung brauchen, ist die Intelligenz des Herzens, die Klarheit des Zeugenbewusstseins, ein tiefes Vertrauen und unendliche Geduld. »Eine Reise von tausend Meilen beginnt mit dem ersten Schritt«, sagt Konfuzius – und das Einzige, was wir tun können, ist, bei jedem Schritt, den wir in einem beliebigen Augenblick machen, ganz und liebevoll präsent zu sein. Der Rest der Reise wird sich mit der Zeit schon entfalten.

Ein Mädchen, mit dem ich mich im Ashram anfreundete, begriff das bereits mit zwölf Jahren. »Seit meinem sechsten Lebensjahr meditiere ich, bin ich im Zeugenbewusstsein und tue alles Mögliche, um erleuchtet zu werden, und es ist immer noch nicht passiert. Deshalb werde ich meine Versuche jetzt aufgeben und mein Leben leben«, sagte sie mir eines Nachmittags. »Wenn es sein soll, wird es sein; wenn es in diesem Leben nicht sein soll, dann nicht. Zumindest weiß ich, dass ich alles getan habe, was in meinen Möglichkeiten stand.«

Ich sehe das genauso.

5

Erzeuge die Wirkung, und die Ursache wird folgen

In meiner Kindheit beantwortete mir niemand jemals wirklich meine Fragen oder sagte mir die Wahrheit. Es war nicht so, dass meine Familie unfreundlich oder gefühllos war; nur stellte keiner je etwas infrage. Praktische Angelegenheiten – Geld, Mahlzeiten, meine Schulnoten, was die Nachbarn wohl denken könnten – wurden offen besprochen, aber wenn wichtige Fragen nach dem Leben, dem Tod oder der Suche nach dem Glück auf den Tisch kamen, begegnete man ihnen mit verhüllenden oder ausweichenden Reden. Hier ein typischer Wortwechsel:

»Was ist ein Vater?«, fragte ich eines Abends beim Abendessen.

»Ein Vater ist ein guter Versorger«, antwortete der meine.

»Und was sonst noch?«

»Sonst nichts.«

»Und wie sieht es mit Liebe aus?«

»Es gibt bestimmte Angelegenheiten, die ein Mann für sich behält«, antwortete er und wandte sich wieder seinem Teller zu. Ende des Gesprächs.

Ob sich seither viel geändert hat, kann ich nicht sagen,

aber vor vierzig Jahren gab es Dinge, über die man in der Familie sprach, und andere, über die man nicht sprach. »Sex« war ein schmutziges Wort, niemand ging je aufs »Klo«, und wenn einmal eine Familienleiche in den Keller verbannt worden war, blieb sie dort. Die Frauen waren umgänglich und warmherzig, doch bei Tabuthemen genauso verschlossen. Unter Männern mussten Anstandsregeln beachtet und Konventionen gewahrt werden. Jede postpubertäre Demonstration männlicher Zuneigung sogar gegenüber dem eigenen Sohn war eines der großen Tabus. Ich vermute, dass es immer noch mehr oder weniger genauso ist, doch zumindest australische Männer haben einen Weg gefunden, es zu umgehen. Wenn ein Australier Sie gegen den Arm boxt und einen Bastard nennt, bedeutet das, dass er Sie mag, dass Sie ein guter Kumpel sind. Man muss sich erst daran gewöhnen, aber zumindest wissen Sie, woran Sie sind. Ich wurde mit einer ellenlangen Liste von Fragen geboren, doch wenn ich Erklärungen für Rätsel suchte, wie Liebe, Gott und warum meine Mutter sterben musste, sagte mir nie jemand die Wahrheit. Ein ehrliches »Ich weiß es nicht« hätte ich dem Ausweichen und Abtun vorgezogen, aber was ich wirklich verblüffend fand, war, dass sich keiner auch nur die Mühe machte, sich zu wundern. Eine 80-jährige Tante sagte mir neulich: »Ich habe einfach alles geglaubt, was man mir erzählte.«

Ich hingegen nicht. Es gab zu viele Diskrepanzen zwischen dem, was man mir sagte, und dem, was ich beobachtete. Und dass man mich als Nervensäge abstempelte, brachte mich nicht im Geringsten aus dem Konzept. Ich weigerte mich, mich von Plattitüden beschwichtigen zu lassen und mit einem begütigenden Kopftätscheln ruhig gestellt zu werden. Und auch wenn ich nie etwas erreichte, was mich auch nur im Entferntesten befriedigte, bohrte ich dennoch weiter.

Ein wesentlicher Faktor, der diesen Drang zu verstehen anheizte, war, dass es in meiner ganzen Kindheit bestimmte Dinge gab, die ich einfach wusste, als hätte ich den sechsten Sinn. Insbesondere von zwei Dingen war ich felsenfest überzeugt: erstens dass sich irgendetwas Fundamentales über die Welt um mich herum vor meiner Wahrnehmung verbarg – und, wie ich bald merkte, auch vor der Wahrnehmung anderer. Und zweitens, dass ich eines Tages Jesus begegnen und er mir die Wahrheit sagen würde. Trotz der Unwahrscheinlichkeit einer Begegnung von Angesicht zu Angesicht – ich hatte gehört, dass er schon seit einer Ewigkeit am Kreuz hing – war das mein kleines Geheimnis, ein besonderes »Wissen«, an dem ich hing wie an meinem Leben. Meine Gewissheit, dass ich Jesus begegnen würde, half mir durch so manche dunkle Nacht hindurch.

Bevor ich ihm schließlich begegnete, nicht als dem auferstandenen Jesus meiner Sonntagsschule, sondern als dem »Christusbewusstsein«, das sich in einem »Gottesmann« aus Indien manifestierte, war ich bereits zu meiner ersten wirklichen Wahrheit erwacht. Ich überstand meinen Autounfall auf mehr als nur physische Weise unversehrt. Ich war meiner eigenen Wirklichkeit begegnet: Ich hatte, wenn auch nur kurz, das in der Form verkörperte Bewusstsein erlebt. Und ich hatte gesehen, dass die Weise, in der wir leben, auf dem Missverständnis gründet, dass wir und die Existenz – oder »Gott«, wenn Ihnen das lieber ist – zwei und nicht eins sind.

Bei meinem anschließenden Versuch, diese existenzielle Nähe wiederzuerlangen, las ich jedes viel versprechende Buch über Spiritualität, das ich finden konnte. Ich verschlang die Standardwerke für Menschen auf der spirituellen Suche, die es damals gab – wie Yoganandas *Autobiographie eines Yogi,* Ouspenskys *Auf der Suche nach dem Wunderbaren* und Ram Dass' *Sei jetzt hier* –, und arbeitete mich durch dicke Wälzer über Buddhismus und Hinduismus durch. Ich studierte die Programme der Zentren für inneres Wachstum, wie Esalen, und die Werke von Therapeuten, wie Fritz Perls.

Ich versuchte es auch mit Hatha Yoga, aber als eine einzige außerkörperliche Erfahrung sich hartnäckig nicht wiederholen wollte, verlor ich das Interesse. Am Ende blieben nur der Hinduismus und Fritz Perls übrig.

Perls' Gestalttherapie war faszinierend. Mir gefiel, wie er für persönliche Freiheit und Verantwortung plädierte, für Erfahrung als Lehrmeister und die Rolle des Einzelnen bei der Aufgabe, dem eigenen Leben Sinn zu verleihen. Ich schrieb ihm nach Kalifornien. Er starb einen Tag, bevor mein Brief ankam. Den Kern des Hinduismus bildete für mich das Konzept der *Maya,* der Illusion, wahrscheinlich, weil ich bereits dahinter gekommen war, dass es eine tiefere Ebene der Wirklichkeit gab, die vor dem gewöhnlichen Blick verborgen ist. Den Hindus zufolge ist *Maya* eine Art kosmischer Witz: die Illusion, dass die sichtbare oder materielle Welt wahr ist und dass das, was unsere Augen uns zeigen, alles ist, was es gibt.

Beim Einzelnen manifestiert sich Maya als ein innewohnendes Nichtwissen um das wahre Wesen des Selbst. Warum uns die Wahrheit über das, was wir eigentlich sind, verborgen ist, bleibt ein Geheimnis. Es ist vielleicht rücksichtslos, aber dennoch ein Rätsel. Und diese Illusion ist universell. Der Trugschluss, dass das getrennte Ich das ist, was wir sind, ist ein fester Bestandteil des Menschseins. Es gibt kein Entrinnen; so ist es einfach. Es ist eine Halluzination, die wir alle für wirklich halten; es ist auch der Teil der Reise, auf dem die meisten Menschen stecken bleiben.

Schließlich führte mich meine Suche doch noch nach Indien, aber es hatte nichts mit Hinduismus zu tun. Es hatte mit einer Veränderung, der endgültigen inneren Befreiung eines Freundes zu tun, der sein drittes bis fünftes Lebensjahr in Treblinka, einem Konzentrationslager der Nazis, zugebracht hatte. Wir liefen uns zufällig in Montreal über den Weg nach einiger Zeit, die wir beide im Ausland zugebracht hatten – er in Indien, ich auf Ibiza –, und die Veränderung, die ich an ihm feststellte, war beeindruckend. Der Schmerz und die Anklagen hatten sich verflüchtigt; die alten Wunden waren endlich verheilt.

»Was ist passiert?«, fragte ich ihn.

»Ich bin da so einem Mann in Indien begegnet.«

»Erzähl mir von ihm.«

Er zog ein Buch aus dem Rucksack hervor. »Hier«, sagte er. »Ich glaube, es ist besser, du liest selbst, was er zu sagen hat.«

Nach einer halben Seite wusste ich, wo ich hinfahren würde und warum. Das war der Mann, auf den ich gewartet hatte. Das war derjenige, der mir endlich meine Fragen beantworten und mir die Wahrheit sagen würde.

Unsere erste Begegnung ein paar Monate später empfand ich wie ein Nachhausekommen. Dieser »Mann in

Indien«, dieser Osho, war der »Jesus« meiner Kindheit. Ich hätte ihn überall erkannt. Bei meinen Vorstellungen von Jesus handelte es sich einfach um innere Bilder, aber dieser Mann war aus Fleisch und Blut und noch einiges mehr. Hier hatte ich es mit einem Wesen zu tun, das anders war als jeder Mensch, den ich bisher kennen gelernt hatte. In den Augen dieses Mannes leuchteten Liebe und Akzeptanz, und er strahlte Stille aus wie ein Leuchtturm – dieselbe tiefe und fruchtbare Stille, die ich auf dem New York State Thruway erlebt hatte. Es war klar, dass ich dableiben würde.

Sechs Monate später, als immer mehr Suchende aus dem Ausland kamen, begann Osho, täglich Vorträge zu halten, jeden Monat abwechselnd auf Hindi und auf Englisch. Die erste Reihe seiner englischen Vorträge, die auf ein westliches Publikum zugeschnitten waren, wurde unter dem Titel *Mein Weg: Der Weg der weißen Wolke* veröffentlicht, und als ich eines Morgens zuhörte, kam eines dieser verborgenen Gesetze zum Vorschein, eine dieser Wahrheiten hinter den Kulissen, auf die ich gewartet hatte.

> Das Gesetz von Ursache und Wirkung ist das grundlegendste aller wissenschaftlichen Gesetze, der allerinnerste Zusammenhang der Lebensprozesse.
>
> Die Religion kennt aber noch ein zweites Gesetz, das noch tiefer geht als dieses. Doch dieses zweite Gesetz erscheint völlig absurd, wenn man es nicht kennt und nicht damit experimentiert hat. Die Religion sagt: »Erzeuge die Wirkung, und die Ursache wird folgen.« Vom wissenschaftlichen Standpunkt aus ist das völlig absurd.
>
> Die Wissenschaft sagt: Ist die Ursache da, tritt die Wir-

kung ein. Der Religion zufolge trifft auch das Umgekehrte zu. Man erzeugt die Wirkung, und siehe da: Die Ursache folgt.

Es gibt Situationen, in denen ihr euch glücklich fühlt. Ein Freund ist gekommen, ein geliebter Mensch hat angerufen. Die Situation – das Kommen des geliebten Menschen – ist die Ursache. Glück ist die Wirkung. Die Religion sagt: Sei glücklich, und der geliebte Mensch wird kommen. Erzeuge die Wirkung, und die Ursache wird folgen …

Jesus sagt das Gleiche mit anderen Worten: Trachtet zuerst nach dem Himmelreich, und das Übrige wird euch hinzugegeben …

Das erste ist das Grundgesetz der Wissenschaft, das zweite ist das Grundgesetz der Magie.

Das Gesetz von Ursache und Wirkung ist uns allen vertraut. Es steckt in Redensarten wie: »Was du säst, wirst du ernten« und »Wie man in den Wald hineinruft, so schallt es heraus.« Es zeigt sich überall, wohin wir schauen:

- Bier ist eine Ursache. Ein Bierbauch ist die Wirkung.
- Über der Antarktis breitet sich ein Ozonloch aus, das inzwischen größer ist als die Fläche von Nordamerika. Das von Menschen hergestellte FCKW, das in Sprays und Kühlschränken vorkommt, ist die Ursache, das Ozonloch die Wirkung.
- Der verstorbene amerikanische Präsident Richard Nixon musste folgende Entdeckung machen: Leute anlügen ist eine Ursache, aus dem Amt gejagt werden die Wirkung.

- Sex ist eine Ursache. Lust ebenso wie Schwangerschaft ist die Wirkung.
- Geburt ist eine Ursache. Der Tod ist die Wirkung.

Blinder Glaube ist eine weitere Ursache, die Wirkungen erzeugt: von relativ harmlosen Wirkungen, wie zum Beispiel, dass man sich einer Autorität unterwirft, die es nicht verdient, bis hin zu schweren Katastrophen.

Ein Unternehmen ohne Vision, das für alles außer Profitdenken blind ist, kann ebenfalls schädliche Wirkungen haben.

Anfang der 60er Jahre waren die Testverfahren in der pharmazeutischen Industrie nicht sehr ausgereift, und auf der Grundlage fehlerhafter Tierversuche brachte man als Mittel gegen morgendliche Übelkeit in der Schwangerschaft Contergan auf den Markt – mit furchtbaren Wirkungen. Sehr viele Schwangere nahmen das Medikament, weil sie ihren Ärzten vertrauten, die ihrerseits den Pharmaunternehmen vertrauten. Eine Reihe von Frauen hatten Fehlgeburten, ein Großteil der Kinder starb bei der Geburt, doch Tausende überlebten mit Missbildungen, meist in Form von verkürzten, flossenartigen Armen und Beinen.

Aufgrund einer weiteren Unverantwortlichkeit von Firmen werden heute viele junge Menschen von extremer Gewalt in Filmen und interaktiven Videospielen negativ beeinflusst. Gewalttätige Videospiele, sagen zunehmend mehr Menschen, fördern schädliches Sozialverhalten, indem sie junge Menschen beeinflussen, sich aggressiver und feindseliger Konfliktlösungen zu bedienen.

Es mögen nur Spiele sein, aber wie sollen beeindruckbare kleine Kinder oder selbst Teenager lernen, zwischen dieser »virtuellen« Welt zu unterscheiden, mit der sie bombardiert werden, und der »wirklichen« Welt, in der sie leben? Viele tun es nicht. Die Fähigkeit, Fantasie von Realität zu unterscheiden, überfordert selbst viele Erwachsene.

Eine Freundin berichtete mir, dass sie keine Ahnung hatte, dass Zeichentrickfilme im Fernsehen ihren Sohn beeinflussten, bis ein bestimmter Vorfall geschah, als er fünf Jahre alt war. Er war mit seiner Großmutter in die Stadt gefahren, und als sie gerade eine stark befahrene Straße überqueren wollten, kam plötzlich ein Auto um die Ecke gebogen und schoss auf sie zu. Der Fahrer konnte nicht mehr bremsen und fuhr die Großmutter um. Die Frau war unverletzt, stand jedoch unter Schock und musste einen Augenblick auf der Straße liegen bleiben, um sich zu erholen. Verwirrt und außer sich drang der Junge in sie: »Steh auf! Was hast du denn? Steh auf.«

Als meine Freundin später mit ihrem Sohn sprach, begriff sie, was los war. In den Zeichentrickfilmen, die das Kind gesehen hatte, wurden die Figuren ständig von Autos überfahren, von Bomben in die Luft gejagt oder stürzten in eine Schlucht. Anschließend standen sie einfach wieder auf und gingen weiter. Beim Vorfall mit seiner Großmutter hatte der Junge zum ersten Mal ein derartiges Erlebnis im wirklichen Leben und aus erster Hand gehabt, und er hatte keine Vorstellung davon, was es bedeutete, verletzt zu sein und körperlich Schaden zu nehmen.

Später, so berichtete sie, sah sich ihr Sohn alle möglichen Arten von Gewaltfilmen im Fernsehen und Kino an und fand sie toll. Doch sobald er sich selbst auch nur die kleinste Wunde zuzog – wenn er sich beispielsweise in den Finger schnitt –, sah es ganz anders aus. »Dann«, sagte sie, »heulte er wie ein kleines Kind.«

Diese überall präsente Gewalt, die sich als Unterhaltung tarnt, hat eine abstumpfende Wirkung, und die Grenzen zwischen Fiktion und Wirklichkeit werden zunehmend verwischt. Welcher Unterschied besteht für junge und beeinflussbare Menschen zwischen einem fiktiven Filmepos über den 2. Weltkrieg wie *Band of Brothers – Wir waren wie Brüder* und den nächtlichen Angriffen auf Bagdad während der letzten Irakinvasion? Kein allzu großer, denke ich mir. Tatsache oder Fiktion, es spielt sich direkt vor unseren Augen auf dem Bildschirm in unserem Wohnzimmer ab.

In einem Fernsehinterview stellte der pensionierte amerikanische Offizier David Grossman, Professor für Psychologie und Militärwissenschaft und Leiter der Killology Research Group, eine enge Verbindung zwischen Gewaltvideospielen und der Flut von Schießereien an Schulen in Amerika, Deutschland, England und Australien her. »Es macht mich über alle Maßen zornig zu wissen, dass man unseren Kindern das Töten beibringt und sie lernen, daran Gefallen zu finden, damit einige Firmen Geld scheffeln können«, sagte er. »Es ist der widerwärtigste und verabscheuungswürdigste Akt, der meiner Meinung nach in unserer heutigen Kultur stattfindet.«

Diese Abstumpfung hat zur Folge, dass in der heutigen Welt wenig als heilig gilt und es nicht viel Achtung vor oder Sehnsucht nach etwas Freundlichem und Fürsorglichem gibt, nach Eigenschaften oder Taten, die dem Leben wirkliche Bedeutung verleihen.

In dem Artikel *Learning to Be Stupid in the Culture of Cash* geht Luciana Bohne, Film- und Literaturdozentin an der Edinboro University in Pennsylvania, der Frage nach, warum die jungen Menschen, die sie zu unterrichten versucht, »zu solch bodenloser Unwissenheit« erzogen worden sind. Bohne schreibt:

> Alles, was man in den Annalen des Wissens lehrt, geht gegen dieses Amok laufende System von Kommerz und Profit. Die einzige Bildung, die heute erlaubt wird, ist eine, die Menschen an den Status quo anpasst, wie es in den teuren Schulen geschieht, oder eine, die Menschen produziert, die den Status quo überwachen und ihm Geltung verschaffen, so wie in dem staatlichen College, an dem ich arbeite … Unsere Studenten können einen Abschluss machen, ohne sich je mit einer Fremdsprache, Philosophie, Grundzügen einer Wissenschaft, Musik oder Kunst, Geschichte und Politikwissenschaft oder Wirtschaft auseinander gesetzt zu haben. Tatsächlich lernen unsere Studenten, in einer gewählten Demokratie ohne Politik zu leben, ein typisches Merkmal, das die schwindende Beteiligung an den Wahlurnen sehr gut illustriert.

Der Dichter Percy B. Shelley schrieb, dass die Menschen im Gefolge der Industrialisierung und der damit einhergehenden Gier als erstes ihren Verstand oder die Fähigkeit nachzudenken und anschließend ihr Herz oder die Fähigkeit mitzufühlen aufgegeben haben, bis das Einzige, was von der ursprünglichen menschlichen Ausstattung noch übrig blieb, die Sinne oder die selbstsüchtigen Forderungen nach Befriedigung waren. An diesem Punkt traten die Menschen in das Waren- und Konsumstadium ein,

> ein weiterer Schritt in die Landschaft des Kommerzes. Ohne Verstand und Herz werden sie instrumentalisiert, alles anzunehmen, was ihre lärmenden und verängstigten Sinne abstumpft – offizielle Lügen, unmoralische Kriege, Barbie-Puppen und bankrotte Ausbildungen.

Das Gesetz von Ursache und Wirkung: Die Menschheit hat es wissentlich und unwissentlich genutzt und missbraucht, und wir leben heute auf einem Planeten, der in einem entsetzlichen und schändlichen Chaos von Verrückten regiert wird. Offenbar lernt die Menschheit nie etwas dazu, denn es scheint sich nie etwas zu ändern. Die folgenden Worte, die der römische Redner und Staatsmann Marcus Tullius Cicero 63 v. Chr. sprach, klingen vertraut:

> Der Haushalt sollte ausgeglichen, die Finanzen aufgefüllt, die öffentlichen Schulden reduziert werden, die Arroganz der Bürokratie gezügelt und kontrolliert, und die Unterstützung des Auslands beschnitten werden, damit Rom nicht bankrott geht.

Kommt für unsere Spezies jede Änderung zu spät? Ich fließe nicht gerade vor Hoffnung über oder sprühe vor Erwartung. Andererseits traue ich den Überlebens- und Regenerationskräften der Existenz durchaus. Eine Woche, nachdem das Feuer die Bäume an unserer Straße vernichtet hatte, kamen bereits wieder grüne Schösslinge aus dem verkohlten Gestrüpp. Und wenn man bedenkt, dass die Anwesenheit der Menschheit auf Erden von so kurzer Dauer ist, dass sie beinahe unbedeutend ist, stehen die

Chancen gut, dass weiter wunderbare Dinge geschehen werden, lange nachdem es uns nicht mehr gibt.

Ich habe mir immer über unseren Planeten Sorgen gemacht, aber inzwischen tue ich es nicht mehr. Es gibt keine Entschuldigung für den unbewussten oder egoistischen Missbrauch der Umwelt, aber weitaus größere Kräfte als ich und Sie sind am Werk. Was können wir also tun? Wir können uns selbst verändern. Und dieses »magische Gesetz« – Erzeuge die Wirkung, und die Ursache wird folgen – kann dabei eine unschätzbare Hilfe sein.

Um Ihre Kreativität anzufachen und Sie hoffentlich dazu zu inspirieren, mit diesem Gesetz zu experimentieren und es auf Ihr eigenes Leben anzuwenden, gebe ich Ihnen ein paar Beispiele dafür, wie es sich in meinem Leben ausgewirkt hat.

Im Jahre 1975 hielt ich mich völlig mittellos in Toronto auf. Ich wollte unbedingt nach Indien zurück, aber es erwies sich als extrem schwierig, das Geld zu verdienen, um hinzufahren und den Lebensunterhalt dort für eine Weile zu sichern. Mit der Zeit nahm meine Frustration immer mehr zu.

Eines Tages fiel es mir wie Schuppen von den Augen, und ich erinnerte mich plötzlich an das Gesetz, von dem ich in Indien gehört hatte. »Richtig«, dachte ich, »die Wirkung, die ich erzeugen will, ist Bargeld und ein Flugticket, also wollen wir mal die Räder in Gang setzen.«

Es war noch die Zeit, bevor man online buchte und mit der Angabe der Kreditkartennummer die Zahlung sicherstellte, und so ging ich direkt in das Büro einer Fluglinie in der Stadt und buchte einen Platz für einen Flug nach Bombay. Ich bin ein praktischer Mensch, und weil ich der

Existenz Zeit geben wollte, die Dinge zu regeln, wählte ich ein Abflugdatum drei Monate später.

In den folgenden Tagen zog der Feind in meinem Kopf alle Register. Die Störungen gingen von gemein und bösartig bis hin zu einfach nur erbärmlich, aber ich hatte einige Übung darin, einem feindseligen Verstand meine Aufmerksamkeit vorzuenthalten, und genau das tat ich.

Dann begann etwas Neues. Als hätte ich einen neuen Gang im Auto eingelegt, überkam mich frische Energie: Ein anderes universelles Gesetz trat auf den Plan.

»Die Energie folgt der Absicht« ist eine Art Zusatz zu dem Gesetz, das besagt, dass die Ursache eintritt, wenn man die Wirkung erzeugt. Es ist das Gesetz, das das *Ki* in Gang setzt, sodass jemand, der Kampfsportarten betreibt, einen Gegner mit einem Fingerschnipsen zu Fall bringen oder aufgetürmte Ziegel mit einer »eisernen« Handfläche zertrümmern kann. Es ist dasselbe Gesetz, das sich Menschen beim *Feng Shui* zunutze machen, um die Umgebungsenergien in einem Büro oder einer Wohnung zu harmonisieren.

»Die Energie folgt der Absicht« ist auch eine treibende Kraft in der Evolution. Auf diese Weise entwickelt sich die schützende Tarnung der Tiere. Es ist auch dieses Gesetz, das es beispielsweise der Giraffe ermöglicht, den Hals zu entwickeln, den sie braucht, um ihr Lieblingsfutter, die schmackhaften Spitzen der Akazienbäume, zu erreichen. Es ergibt vollkommenen Sinn, wenn Sie darüber nachdenken. Schauen Sie sich die Energie und Tatkraft an, die wir aufbringen, wenn Sie oder ich wirklich etwas wollen – beispielsweise überleben.

Ich saß einmal bei einem Vortrag, den Jacquelyn Small – Freundin, Therapeutin, Autorin und Verfasserin des Vorworts dieses Buches – vor einer Gruppe von Yoga-Lehrern in Massachusetts hielt. Als sie jemand fragte, was man gegen die Ablenkungen auf dem inneren Weg tun könnte, riet sie ihm unter anderem: »Halte an deinem spirituellen Ziel fest.«

»Spirituell« ist das entscheidende Wort. »Erzeuge die Wirkung, und die Ursache wird folgen« wird einen Menschen nicht zum Millionär machen, wenn er herumsitzt und nach Art eines Rosenkranzgebets oder TM-Mantras murmelt: »Ich werde im Lotto gewinnen. Ich werde im Lotto gewinnen.« Dieses Gesetz gilt für feinstofflichere Ebenen. Es ist ein Gesetz, das spirituelles Wachstum und nicht egozentrische Gier unterstützt.

Welche Wirkung Sie auch zu erzeugen wünschen, halten Sie an Ihrer Absicht fest. Visualisieren Sie das Ergebnis, benennen Sie es, oder schreiben Sie es auf, wenn es Ihnen hilft. Und haben Sie Vertrauen. »Die Energie folgt der Absicht« ist so zuverlässig wie das Gesetz der Schwerkraft; das Leben lässt Sie nicht im Stich.

Genau das geschah in Toronto. Ich erzeugte die Wirkung – es war keine Frage, ich wollte nach Indien –, und obwohl der Feind in meinem Kopf nörgelte, dass das Geld, das ich brauchte, sich niemals materialisieren würde, hielt ich an meiner Absicht standhaft fest.

Einige Tage, nachdem ich das Ticket gebucht hatte, klingelte mein Telefon. Einer meiner früheren Arbeitgeber war nach Toronto gezogen und hatte eine Künstleragentur für klassische Sänger und Musiker eröffnet. »Wären Sie daran interessiert, eine Broschüre für mich zu schreiben?«, fragte er. »Und neue Lebensläufe für sämtliche Künstler?«

Als Nächstes rief eine Frau an, für die ich bei der Fernsehstation in Montreal gearbeitet hatte. Sie war jetzt bei einem Sender, der seinen Sitz in Toronto hatte, und brauchte ebenfalls jemanden, der etwas für sie schrieb. Als Sahnehäubchen auf dem Kuchen bekam ich dann noch den Auftrag, eine Reihe von Geschichten für eine von IBM gesponserte Initiative zu verfassen, um Schulkindern die Satzzeichen beizubringen. Als erstes Thema bekam ich das Komma, das Semikolon und das Apostroph.

Ich hatte die Wirkung erzeugt, und die Ursache war gefolgt. Und genau an dem von mir festgelegten Tag flog ich mit Taschen, die mit genug Geld gefüllt waren, um eine Zeit lang leben zu können, nach Indien zurück, um mich wieder zu Füßen meines spirituellen Meisters zu setzen.

Jahre später wandte ich dasselbe Gesetz wieder an, diesmal auf das weitere Aufblühen meiner Schreibkarriere.

Mein erster Auftrag in meinem neuen Betätigungsfeld, das ich mir in meiner neuen Heimat Australien aufbauen wollte, war eine Broschüre für einen Freund, der einen Laden für Computersoftware betrieb. Danach schlug er mir vor, mich an Zeitschriftenartikeln zu versuchen. Also ging ich mit meiner Broschüre in der Hand los, um mich bei dem zuständigen Redakteur einer bekannten Computerwochenzeitschrift vorzustellen. Er schaute sich die Broschüre flüchtig an und sagte: »Wenn Sie das schreiben können, können Sie auch einen Artikel für mich schreiben. Versuchen Sie es mit folgender Aufgabe. Schreiben

Sie mir 2000 Wörter über die Strategie der Anbieter von Büroautomatisierungssystemen.«

Mein zuversichtliches »Okay« verwandelte sich in ein panisches »Was?!« in der Sekunde, als ich auf die Straße hinaustrat. Ich hatte keine Ahnung, wovon er gesprochen hatte. Also ging ich ins nächste Café, um mich hinzusetzen, zu analysieren, was er gesagt hatte, und mir zu überlegen, wie ich vorgehen wollte. Ich hatte die Wirkung erzeugt: Ich hatte mich einverstanden erklärt, den Artikel zu schreiben. Jetzt war das Einzige, was nötig war, für die Ursache zu sorgen, um dieses spirituelle Gesetz praktisch umzusetzen. »Strategie« bedeutete »Vermarktung«; zumindest das war klar, aber ich hatte keine Ahnung, was ich als Nächstes tun sollte. Als ich meinen Kaffee draußen am Tisch schlürfte, blieb direkt vor mir ein Lastwagen vor einer roten Ampel stehen, auf dem seitlich der Schriftzug prangte: Remington Büroautomatisierung.

Sobald ich zu Hause war, rief ich Remington an, fragte, ob sie einen Marketingleiter hätten und wurde direkt durchgestellt. Ich nannte dem Mann meinen Namen und erklärte, indem ich den Redakteur wörtlich zitierte, dass ich einen Artikel für ein bestimmtes Magazin über die Strategie der Anbieter von Büroautomatisierungssystemen schrieb. Innerhalb von fünf Minuten sagte er mir alles, was Remington unternahm, erläuterte ausführlich das noch brach liegende Potenzial von Büroautomatisierungssystemen und nannte mir die Namen von anderen wichtigen Mitstreitern auf diesem Sektor. Sobald ich aufgelegt hatte, rief ich die Marketingabteilung jeder Firma an, die er erwähnt hatte.

Einige Tage später reichte ich meinen ersten Artikel

ein. Während der folgenden Jahre schrieb ich zwei Artikel pro Monat für diese Zeitschrift.

Es gab eine weitere, emotional und spirituell bedeutsamere Angelegenheit, in der ich »Erzeuge die Wirkung, und die Ursache wird folgen« anwandte. Dieses Mal ließ das Ergebnis länger auf sich warten: fünf Jahre.

Mitte der 80er Jahre war ich mit einer Frau zusammen, die ich sehr mochte und immer noch mag, aber in die ich trotz beträchtlicher Anstrengungen meinerseits nicht verliebt war.

Unsere Beziehung ging über mehrere Jahre und eine Reihe von Kontinenten, aber jedes Mal wenn wir unser Arrangement formell bekräftigten, indem wir zusammen lebten, klappte es einfach nicht. Ich schloss immer einen Kompromiss, und irgendwo, glaube ich, tat sie es auch. Sie verdiente einen Mann, der sie wirklich liebte und es bedingungslos tat. Der war ich nicht. Der nächste Mann war es dann, wie ich zu meiner Freude erfuhr. Ich bin überdies sehr froh darüber, dass ich und sie gute Freunde geblieben sind.

Ich hatte mittlerweile verstanden, dass wir keine hilflosen Opfer einer zufälligen Existenz sind, dass das Äußere eine Spiegelung unserer eigenen inneren Wirklichkeit darstellt und dass wir demnach für den größten Teil dessen, was in unserem Leben passiert, Verantwortung übernehmen müssen. Und das schließt auch die Leute ein, die wir anziehen – Freunde ebenso wie Liebespartner.

Ich glaube an eine persönliche Verantwortung ebenso wie an ein übergeordnetes Schicksal: ein Lebensprogramm, eine innere Richtung, die mein Leben lenkt. Durch jahrelanges Wegräumen von Müll und Konditionierungen kristallisierte sich diese Richtung für mich heraus – und immer wenn ich über ein Hindernis stolperte, war es offensichtlich, dass hier, verborgen in dem Hindernis, unerledigte Arbeit wartete. An dem Punkt, wo ich stand, war mein »Muster des Verlassenwerdens« einer der Stolpersteine, an dem ich mir immer noch meinen metaphysischen Zeh stieß.

Es war, als wenn der Tod meiner Mütter ein Muster in Gang gesetzt hätte, in dem ich immer noch feststeckte. Die Frauen, die ich anzog, blieben eine Weile, und dann kam für uns beide die Zeit, weiterzuziehen. Ich wusste, dass ich nicht das Opfer war und dass dieser Sachverhalt etwas über mich aussagte. Ich wusste auch, dass, wenn ich entdecken wollte, was es war, jetzt der Zeitpunkt gekommen war, um das Hamsterrad zu verlassen.

Es gibt ein weiteres universelles Gesetz, das besagt: »Die Natur füllt ein Vakuum«, und genau dazu entschloss ich mich. Ich beschloss zu beginnen, indem ich eine Wirkung erzeugte: indem ich den emotionalen und physischen Platz für die Ursache schuf, die ich haben wollte, nämlich dafür, dass die richtige Frau in mein Leben trat. Irgendein innerer Sinn sagte mir, dass sie irgendwo steckte, aber ich offensichtlich nicht bereit war. Ich entschied mich, das zu tun, was notwendig war, um vorbereitet zu sein!

An einem Sonntagnachmittag verkündete ich meine Neuigkeiten. Ich sagte, wir würden meiner Meinung nach beide nur noch aufgrund eines faulen Kompromisses zusammenbleiben und ich wolle die Beziehung beenden, um allein zu leben. Ich erklärte, dass ich Platz schaffen wollte. Ich zitierte sogar das Gesetz »Die Natur füllt ein Vakuum«, was bei ihr aber auf kein sonderliches Verständnis stieß.

Kurz danach wurde eine kleine Wohnung auf einem Felsvorsprung an der Küste von Sydney mein neues Zuhause. Ich hatte Platz gewollt, und jetzt hatte ich ihn. Zwischen mir und dem Horizont dehnte sich der Ozean aus – eine endlose Fläche von nichts als Wasser und Wellen. Ich arbeitete zu Hause und ging fast nie aus.

Anfangs hatte ich die Erwartung, dass die richtige Frau in einem Monat in mein Leben treten würde. Dieser Traum verschwand bald. Die Existenz hat ihr eigenes Timing, und offensichtlich war es noch nicht so weit.

Zunächst fühlte ich mich einsam. Aber mit der Zeit erkannte ich, dass es nicht Einsamkeit war, die ich empfand, sondern ein Gefühl von Alleinsein. Und das ist etwas völlig anderes. Einsamkeit heißt die Gesellschaft anderer vermissen. Alleinsein heißt davon erfüllt sein, einfach mit sich selbst zu sein.

Wir sind soziale Wesen, miteinander verbunden und voneinander abhängig, und dennoch ist Alleinsein unser grundlegender Zustand. Wir werden allein geboren; wir sterben allein. Das ist eine existenzielle Wahrheit – aber zwischen Wiege und Grab tun die meisten Menschen alles Erdenkliche oder finden sich mit allem Möglichen ab, um ja nicht allein zu sein. Das funktioniert bei mir nicht. Ich war nie gut im Kompromisseschließen.

»Wenn du nicht gut zu dir selbst bist, wer dann?«, fragte Osho mich einmal. Ich nahm mir den damit einhergehenden Rat zu Herzen – ich kochte mir gutes Essen, trank guten Wein, las gute Bücher, machte gute Arbeit, traf mich mit wenigen guten Freunden und genoss meine eigene Gesellschaft. Bevor ich mich versah, waren fünf Jahre vorüber.

Inzwischen hatte ich das Alleinsein zu einem Teil von mir gemacht – aber vielleicht sollte ich besser sagen, dass das Alleinsein mich zu einem Teil von sich gemacht hatte. Ich fühlte mich in meiner Mitte, verwurzelt in meinem eigenen Sein; ich »brauchte« nicht länger einen anderen Menschen in meinem Leben. Ein ganz neues Paradigma war jedoch entstanden. Jetzt gab es eine innere Fülle, die danach verlangte, geteilt zu werden. Und das machte mich wirklich glücklich.

»Die Religion sagt, sei glücklich, und der geliebte Mensch wird kommen«, hatte mein Guru gelehrt. »Erzeuge die Wirkung, und die Ursache wird folgen ...« Jetzt wusste ich, dass sich das alte Muster aufgelöst hatte und die richtige Frau bald in Erscheinung treten würde.

Als ich begriff, dass ich nicht dieser Körper/Verstand, sondern nur ein Fahrgast in einem Fahrzeug mit Verfallsdatum war, hatte ich begonnen, mein Leben auf andere Weise zu leben. Es ist schwierig zu erklären, aber es war, als wenn das Bewusstsein des »Ich« von innen nach außen auf ein Fließband schaute, auf dem eine endlose Kette von Menschen, Situationen und Gelegenheiten vorüberglitt, mit denen ich die Wahl hatte mich einzulassen oder nicht.

Ich dachte immer, niemand sonst würde auf diese Weise über das Leben denken, doch dann las ich von den südafrikanischen Bantu in Barbara Kingsolvers Roman *Willkommen in Kilanga:* »Die Bantu sprechen vom ›Selbst‹ als einem im Innern wohnenden Blick, der durch die Augen des Körpers nach außen schaut und auf das wartet, was als Nächstes passiert.« Genau das ist es!

So wartete ich darauf, dass die richtige Frau in Erscheinung treten würde. Doch ich tat es aktiv – denn man kann nie wissen. Immer wenn ein Anflug von Interesse vonseiten einer Frau da war, die infrage kam, lud ich sie zum Abendessen ein. Aber es war nie die Richtige. Dann war sie eines Tages da. Wir erkannten uns sofort. Sie haben die Wahl. Sie können nach dem Gesetz von Ursache und Wirkung leben, oder Sie können ein höheres Gesetz anrufen und die Wirkung erzeugen, damit die Ursache folgt.

Es gibt Menschen, die kreisen um sich selbst und sind schroff zu anderen, außer sie wollen etwas von ihnen. Dann sind sie zuckersüß. Doch sie scheinen diesen Zusammenhang nicht zu sehen. Sie scheinen nicht zu verstehen, dass sie diese Situation geschaffen haben und fahren blind oder masochistisch fort, sie aufrechtzuerhalten. Das ist das Gesetz von Ursache und Wirkung.

Mit einer Drehung um 180 Grad könnten Menschen wie diese ihr Leben verwandeln – denn in Wahrheit zieht ein liebevolles Herz ein anderes liebevolles Herz an, und je mehr wir geben, desto mehr empfangen wir. So einfach ist das. Erzeugen Sie die Wirkung, und die Ursache wird folgen, denn die Energie folgt der Absicht.

Vor dreißig Jahren lernte ich dieses verborgene Gesetz des Universums kennen, und ich habe mich in all den Jahren oft gewundert, dass die Wissenschaft es nicht entdeckt hatte. Dann las ich in *The New Yorker* einen Artikel von Malcolm Gladwell mit dem Titel »The Naked Face«. Hier wurde, wenn auch unbeabsichtigt, endlich der »wissenschaftliche« Nachweis erbracht.

In Gladwells Artikel ging es um das von dem amerikanischen Psychologen Paul Ekman entwickelte Mimikentschlüsselungssystem (FACS), das Leute, wie etwa Kriminalbeamte, als Hilfestellung bei Verhören und zum Aufdecken von Lügen anwenden.

In den 60er Jahren glaubte man allgemein, dass Mimik kulturabhängig sei. Ekman widersprach. Beeinflusst von Darwins Werk *Der Ausdruck der Gemütsbewegungen bei den Menschen und den Tieren* und angestachelt von seinen eigenen Beobachtungen glaubte er, dass Mimik universell sei. Und er machte sich daran, seine Theorie zu beweisen.

Seine Labor- und Feldforschungen im eigenen Land und bis hin nach Japan, Argentinien und Papua-Neuguinea überzeugten ihn davon, dass Mimik universell ist, dass Gesichter dieselbe Gemütsbewegung überall auf der Welt auf dieselbe Art und Weise zum Ausdruck bringen – selbst wenn Menschen versuchen zu verstecken, was sie fühlen.

Es nahm mehrere Jahre in Anspruch, den Code zu knacken. Dann hatten Ekman und sein Kollege Wallace Friesen »das essenzielle Repertoire der menschlichen Emotion katalogisiert«, wie Gladwell schreibt. Aus diesem Katalog entstand FACS, das Mimikentschlüsselungssystem.

Im Grunde drückt sich in der Mimik das Gesetz von Ursache und Wirkung aus. Wir erleben eine bestimmte Emotion – Ärger, Angst, Glück, Abneigung, Unfrieden –, und spezielle Gesichtsmuskeln reagieren automatisch und erzeugen eine Mimik, die nicht nur universell ist, sondern die andere lesen lernen können. Bei der Entwicklung ihres Systems entdeckten Ekman und Friesen etwa 3000 so genannte »action units«, präzise Muskelbewegungen, die in jedem Gesicht ausgeführt werden, wenn ein Mensch eine spezielle Gemütsbewegung erlebt.

Dann folgte ein Experiment, das Ekman und sein Team in Erstaunen versetzte. »Wir stellten fest, dass allein der mimische Ausdruck genügt, um deutliche Unterschiede im autonomen Nervensystem zu bewirken«, erläuterte Ekman dem Journalisten Gladwell, der den Versuch so schildert:

> Die Wissenschaftler zeichneten die körperlichen Indizien von Ärger, Trauer und Angst – Herzschlag und Körpertemperatur – bei zwei Versuchsgruppen auf. Die erste Gruppe sollte sich an ein besonders stressbeladenes Erlebnis erinnern und es in der Vorstellung noch einmal durchleben. Die andere Gruppe sollte einfach nur auf Ekmans Aufforderung hin eine Reihe von Gesichtsbewegungen machen – »in Positur gehen«, wie man im Schauspielunterricht sagt. Bei der zweiten Gruppe, die nur simulierte, zeigten sich dieselben physiologischen Reaktionen wie bei der ersten …
>
> Die Emotion verläuft nicht einfach nur von innen nach außen. Sie geht auch von außen nach innen. Überdies wusste keine der Versuchspersonen, »die in Positur gingen«, dass sie eine Gemütsbewegung ausdrückte. Im Feedback-System des Gesichts kann ein Ausdruck, von dem man nicht einmal weiß, dass man ihn hat, eine Emotion hervorbringen, die man gar nicht fühlen wollte.

Schaffen Sie die Wirkung, und die Ursache wird folgen. Ob Ekman oder seine Mitarbeiter erkannten, dass sie auf die spirituelle Kehrseite des materiellen Gesetzes von Ursache und Wirkung gestoßen waren, kann ich nicht sagen. Aber genau das ist geschehen – sie haben eine »wissenschaftliche« Studie erstellt, die belegt, dass dieses »magische Gesetz« wirklich funktioniert.

Auch andere beschäftigen sich mit diesem Phänomen. In einem Krankenhaus in Tucson testet ein Kinderarzt der Universität Arizona den Einsatz der heilenden Berührung als Therapie, um den Stress von Frühgeborenen zu senken und »späteren Entwicklungsproblemen vorzubeugen«. Wie aus einem Artikel des *Sydney Morning Herald* vom April 2003 hervorgeht, sind die Wissenschaftler zu dem Ergebnis gekommen, dass »die Absicht des Heilers von entscheidender Bedeutung ist, wenn das heilende Handauflegen funktionieren soll«. Die Energie folgt der Absicht.

Vielleicht sind die lächelnden Angestellten und Empfangsdamen, die uns einen schönen Tag wünschen, auf der richtigen Spur. Ein Lächeln aufzusetzen kann Ihnen vielleicht wirklich gute Gefühle vermitteln.

Ein Bekannter von mir hat den Verdacht, dass die Filme mit Doris Day auf diese Weise gedreht wurden. Seiner Theorie nach hatte man ihre Mimik durchnummeriert – zum Beispiel eine 6 für Ärger, eine 9 für Verdruss, eine 13 für Irritation mit einem Mann, eine 14 für Irritation mit einer anderen Frau und so weiter. Beim Filmen rief dann der Regisseur einfach eine Nummer auf, und Doris reproduzierte den entsprechenden Ausdruck. Das mag vielleicht eine unfreundliche Annahme sein, doch mittlerweile hat es den Anschein, dass es vermutlich funktioniert hätte.

»Erzeuge die Wirkung, und die Ursache wird folgen« hat jedenfalls bei mir funktioniert. Es hat mir geholfen, die Liebe zu finden, die ich mir immer gewünscht und nie bekommen hatte. Wer weiß, was es bei Ihnen bewirken kann? Versuchen Sie es. Experimentieren Sie damit. Es bewirkt tatsächlich Wunder. Sie könnten eine Wirkung schaffen, die Ihr Herz froh macht und Ihr Leben für immer verändert.

6

Im Einklang mit dem kosmischen Gesetz

Wenn Sie irgendwo auf der Welt eine Videothek betreten, können Sie sich beinahe sicher sein, dass in einer Ecke ein Bildschirm hängt, auf dem ein Film läuft, auf den die Person hinter dem Tresen gebannt starrt. Nicht dort, wo ich wohne. Die Angestellte in unserer Dorfvideothek zieht *Judge Judy, Oprah* und die Nachmittagsserien vor.

Vor nicht allzu langer Zeit betrat ich den Laden, während die Talkshow *Oprah** lief. Oprah war dabei, dem Publikum im Studio eine Geschichte von sich zu erzählen, und als das Wort »kapitulieren« fiel, blieb ich stehen, um zuzuhören. Ich brütete gerade über dem vorliegenden Kapitel, und das Wort erregte meine Aufmerksamkeit.

Oprah sprach über ihre Begeisterung für den im Jahre 1982 erschienenen Roman *Die Farbe Lila* von Alice Walker. Sie war damals von dem Buch derart bewegt, so berichtete sie, dass sie immer Exemplare in der Tasche bei sich trug und jedem, den sie traf und der es nicht gelesen hatte, eines schenkte.

---

* Oprah Winfrey ist eine bekannte Talkmasterin in den USA.

Als Oprah erfuhr, dass Steven Spielberg vorhatte, das Buch zu verfilmen und die Regie zu übernehmen, wünschte sie sich die Rolle der Sofia, der Schwägerin der Celie, die von Whoopi Goldberg gespielt wurde.

Ich erinnere mich nicht im Einzelnen daran, wie sie Spielberg auf ihr Interesse aufmerksam machte, aber ich hatte den Eindruck, dass ihr Bemühen ebenso total war, wie alles, was sie in Angriff nimmt.

Nach einiger Zeit erkannte sie, dass sie alles getan hatte, was man tun konnte. Sie hatte keine Kontaktmöglichkeit zu Spielberg ungenutzt gelassen – wenn das Leben jetzt vorhatte, dass sie die Sofia spielen sollte, musste es das arrangieren. »Ich kapitulierte«, sagte sie dem Publikum; sie gab ihre Bemühungen auf. Kurz danach rief Spielberg an, um ihr die Rolle anzubieten.

Oprahs Vorgehen mit der *Farbe Lila* spiegelt die beiden Stadien auf der spirituellen Suche, unserem persönlichen Weg zur Wahrheit, Liebe, Weisheit, Einheit, Gott – wie auch immer wir uns den Gipfel des Lebens vorstellen oder ihn benennen.

Zuerst kommt das Stadium des Bemühens: Wir müssen das Zeugenbewusstsein aktivieren, die Spinnweben der Prägungen wegfegen, unsere verborgenen Konflikte auflösen, uns mit unseren tiefsten Ängsten konfrontieren. Es ist eine Phase des Handelns: Wir lassen uns total auf den Prozess ein, aufzudecken, wer wir nicht sind, und zu entdecken, wer wir wirklich sind.

Dann, und Sie werden es erkennen, wenn es so weit ist, kommt ein Augenblick, in dem Sie das Bemühen aufgeben, denn wie Oprah haben Sie alles getan, was in Ihren Möglichkeiten steht. Dieser Augenblick der Kapitulation ist der Übergang. Es ist ein Quantensprung in ein neues System, in die Mühelosigkeit, das letzte Stadium des Wegs vor der Rückkehr ins Einssein, dem, was die Mystiker die Rückkehr zum Göttlichen nennen.

Verena hatte einen Offenbarungstraum, als ich an diesem Kapitel schrieb. Ausgelöst durch eine Reihe schwieriger Ereignisse, hatte sie eine intensive Phase von Innenschau hinter sich. Als wir eines Abends über das Geschehene sprachen, fiel mir eine neue Akzeptanz und Entspannung in ihren Worten auf, und ich ließ eine Bemerkung darüber fallen.

»Es ist wahr«, sagte sie. »Etwas hat sich verändert. Es fühlt sich so an, als stünde ich am Anfang einer völlig neuen Phase.«

In der darauf folgenden Nacht träumte sie, dass sie ein Mönch in einem buddhistischen Kloster war. Ein älterer Mönch kam zu ihr, um ihr mitzuteilen, dass sie ein Zeugnis erhalten sollte, ohne ihr zu erklären, warum oder wofür. Im Traum, so erzählte Verena, erfüllte sie das mit einer kindlichen Freude, obwohl sie keine Ahnung hatte, was sie erwartete. Kurz danach wurde sie in den Hauptsaal des Tempels gerufen, um vom Abt ihr Zeugnis entgegenzunehmen. Darauf stand: »Für Mühelosigkeit.«

Interessanterweise hatten wir niemals wirklich im Detail über den Inhalt dieses Kapitels gesprochen. Mühelosigkeit lag offensichtlich in der Luft. Mühelosigkeit ist die Frucht des Bemühens. Sie ist kein aktives Tun, sondern ein Seinszustand. Sie ist ein Funktionieren aus der Einsicht, nicht aus dem Verstand heraus. Sie wurzelt nicht in gedanklichen Prozessen, sondern so gut, wie Sie dazu imstande sind (denn niemand von uns ist perfekt), in einem offenen, liebevollen Herzen. Mühelosigkeit ist entspannt, aber sie ist weder passiv noch resignativ. Mühelosigkeit äußert sich vielmehr als aktives Zeugenbewusstsein, als Gegenwärtigsein für den Augenblick, als ein festes Dem-Leben-Entgegentreten, ein Sichauseinandersetzen mit Schwierigkeiten, sobald sie entstehen. Das befähigt Sie dazu, spontan zu registrieren, auf welcher Seite der Tür Sie Ihren Schirm abgestellt haben.

Die Tür, die vom Bemühen in die Mühelosigkeit führt, ist die Kapitulation.

Wie Licht auf Dunkelheit folgt, so bringt Sie ein umfassendes Bemühen an die Pforte der Kapitulation, denn das Bemühen zeigt die Grenzen, wie weit Sie selber gehen können.

Im Augenblick der Kapitulation überlassen Sie der Existenz das Steuer in Ihrem Leben. Es ist der Augenblick, in dem Sie sagen: »Ich habe das Menschenmögliche getan. Jetzt geschehe dein Wille.« Es ist der Augenblick, in dem Sie beginnen, ein Leben zu leben, das im Vertrauen wurzelt.

Was genau geschah bei Oprahs Erfahrung mit der *Farbe Lila?* Mein Gefühl ist, dass sie tief im Unterbewusstsein, wo bereits alles geschrieben steht, spürte, dass die Rolle der Sofia auf ihrem Programm stand. Aber wie konnte Spielberg das wissen? Der erste Schritt war, ihn auf sich und ihr Interesse an der Rolle aufmerksam zu machen. Als das geschehen war, verstand sie intuitiv, dass die Zeit gekommen war, zu kapitulieren, dem Leben und ihrem Lebensprogramm zu trauen und alles »Tun« loszulassen. Sie legte ihr Bemühen auf den Altar des Lebens und hatte das Vertrauen, dass das Richtige schon geschehen würde. Und so war es auch. Der Rest, darunter die Oscar-Nominierung für die Rolle der Sofia, ist Filmgeschichte.

Menschen, die ihre spirituelle Wirklichkeit suchen, sollten sich mit der Idee der Kapitulation befassen. Auf der Suche nach Gott, der Wahrheit oder Weisheit ist Kapitulation ein wesentlicher Schlüssel.

Es war Kapitulation, die mir die erste Erfahrung der mir innewohnenden Göttlichkeit eintrug. Als der Wagen auf der regennassen Fahrbahn damals vor vielen Jahren ins Schleudern geriet, war ich mir sicher, dass meine Zeit gekommen war. Und da ich sah, dass ich nichts tun konnte, und es akzeptierte, hatte ich keine Angst. Stattdessen empfand ich wie meine Freundin in Perth, die an Krebs starb, eine überwältigende Neugier, was »Sterben« bedeutete. Ich wollte es nicht verpassen – besonders nicht durch viel sinnloses Weinen und Jammern.

Und so ergab ich mich also. Ich sagte »In Ordnung«, ließ das Lenkrad los, faltete die Hände im Schoß und wartete darauf, dem Tod zu begegnen, der meine Mütter zu sich geholt hatte und uns alle erwartet. Es war offensichtlich noch nicht an der Zeit für mich. Ich begegnete nicht dem Tod, sondern meiner eigenen Wirklichkeit, meiner eigenen göttlichen Natur. Die Kapitulation bewirkte, dass ich eine Schwelle überschritt. Sie katapultierte mich jenseits des Verstandes in die unendliche Weite der Stille, die unser innerstes Wesen ist, in den Brunnen, den der amerikanische Dichter Jan Haag die »dröhnende Stille Gottes« nennt.

Kapitulation, so lernte ich aus dieser Erfahrung, ist unsere Landkarte für den Weg nach Hause.

Was bedeutet Kapitulation für Sie? So wie Stille für mich früher einmal nichts anderes bedeutete als die Abwesenheit von Geräuschen, war auch der Begriff Kapitulation für mich besetzt. Es waren negative Assoziationen: Versagen, Niederlage, Unterwerfung, Resignation.

Das ist jedoch nur die halbe Geschichte. Kapitulieren oder sich ergeben beinhaltet viel mehr, als irgendein Lexikon Ihnen sagen kann. Die übliche Sicht von Kapitulation ist militärisch gefärbt. Es ist ein Standardwort im Kriegsvokabular. Auf dem spirituellen Weg bedeutet »kapitulieren« jedoch etwas völlig anderes.

Eine der radikaleren Veränderungen, die ich mit der Bewusstwerdung bei mir beobachtete, war, dass gewöhnliche Worte plötzlich eine Doppelbedeutung bekamen. Wenn ich ein Wort in einem Gespräch hörte, einen Satz in der Werbung oder auf einer Reklametafel sah, schwankte ich plötzlich zwischen zwei Dimensionen und schaute gleichzeitig nach außen und nach innen. Ich musste keine Wahl treffen, ich musste die eine Bedeutung nicht der anderen vorziehen. Beide waren einfach Bestandteil einer umfassenderen Landschaft, die zwei Wirklichkeiten zu eins machte; sie waren zwei Aspekte eines einzigen Ganzen.

Es freute mich, wenn ein Wort eine solche Grenzüberschreitung auslöste. Wie Alice, die durch den Spiegel ging, trat ich in eine neue Dimension ein. Das Bekannte wartete hinter mir wie ein Telefonanruf in der Warteschleife.

Mein erster Sprung durch den Spiegel fand statt, als sich unerwartet die Tür zum Tode auftat und mich das Leben, statt den Stecker herauszuziehen, in eine innere

Leere stieß, von deren Existenz ich nichts gewusst hatte. Die Erfahrung dieses Ortes war Stille, und seither ist dieses Wort für mich nicht mehr dasselbe.

Wörter sind Vehikel, die wir zur Kommunikation benutzen, Boten, um unsere Gedanken zu übermitteln. Sie weisen auf etwas hin. Wir benutzen sie, um Objekte zu benennen und Individuen zu kennzeichnen, wir benutzen sie, um Ideen vorzutragen und Emotionen auszudrücken. Wir kombinieren sie zu Metaphern, um abstrakte Vorstellungen, wie Freiheit und Gleichheit, Leben und Tod, Liebe und Gott zu vermitteln.

Aber damit ein Wort zu mehr als einem Richtungsweiser wird, ist eine greifbare Erfahrung dieses Wortes vonnöten. Wenn man den Duft einer Rose aufnimmt, erfährt man etwas Wirkliches über die Rose. Das stellt eine Nähe her, die kein Bild in einem Gartenbuch vermitteln kann.

Ich gehe oft aus einem Gespräch und denke: »Dieser Mensch hat keine Ahnung, wovon er spricht.« Was ich damit sagen will, ist: »Was dieses Thema angeht, besitzt dieser Mensch keine Erfahrung.« Ein Mann oder eine Frau, die aus eigener Erfahrung sprechen, haben eine unverkennbare Autorität. Die Stimme der Erfahrung bringt eine ganz andere Qualität mit sich als eine Meinung aus zweiter Hand oder eine geborgte Überzeugung.

Dass sich die Autorität der Erfahrung oder der Mangel an Erfahrung in einem Wort enthüllt, wurde mir erst klar, als ich mich mittellos und hungrig auf Ibiza aufhielt. Es ist nicht möglich, eine Insel per Anhalter zu verlassen; also musste ich bleiben, wo ich war, und abwarten, bis Geld eintraf – und aufgrund eines längeren Poststreiks zu

Hause in Kanada war es völlig ungewiss, wann die Steuerrückzahlung, die ich erwartete, ankommen würde.

Auf Ibiza lernte ich aus erster Hand die Erfahrung kennen, die den Worten »hungrig« und »durstig« zugrunde liegt – und als ich mich unter einem Olivenbaum vor der Mittelmeersonne schützte, entdeckte ich die Zuflucht, die in dem Wort »Schatten« steckt. Bis auf den heutigen Tag klingt die Autorität der Erfahrung an, wenn ich diese Worte in einem Gespräch gebrauche.

Das bringt mich auf die »Kapitulation« zurück.

Es gibt meiner Erfahrung nach zwei Arten, sich zu ergeben. Die erste Art, sich zu ergeben, wurzelt in Angst – wenn Sie mit dem Rücken an der Wand stehen und keine Möglichkeit des Entrinnens oder der Rettung mehr sehen. Das ist das Sichergeben, das im Kampf geschieht oder wenn man mit der rein körperlichen Übermacht einer Autorität wie der Polizei konfrontiert ist. Wenn unübersehbar ist, dass die Niederlage unausweichlich ist, ergeben wir uns, um am Leben zu bleiben.

Diese Art des Sichergebens ist ein Akt des Intellekts. Der Verstand schätzt die Situation ein und fasst den Entschluss, sich zu unterwerfen, um zu überleben.

Es gibt eine höhere Art des Sichergebens – eine Kapitulation, die auf Einsicht statt auf dem Verstand gründet, auf Vertrauen statt auf Angst. Diese Kapitulation ist positiv statt negativ, aktiv statt passiv – und sie ist nur möglich, wenn Sie verstehen, dass Sie ein integraler Bestandteil einer gütigen Existenz sind und dass etwas Größeres als Ihre winzig kleine Person auf dem Spiel steht.

Während ich diese Worte schreibe, sehe ich bereits vorher, dass Leser über das Wort »gütig« stolpern werden –

und ihnen Anklagen für so entsetzliche Vorkommnisse, wie den Holocaust, den 11. September und die hungernden Kinder in Afrika in den Sinn kommen werden, um mein Adjektiv zu widerlegen. Ich erinnere mich an einen Überlebenden von Auschwitz in Toronto, der wutentbrannt sagte: »Wie konnte Gott so etwas zulassen?«

Entsetzliche Ereignisse wie der Holocaust oder der 11. September geschehen nicht, weil die Existenz unfreundlich oder gleichgültig ist. Wir können nicht einen anthropomorphen Gott – eine Projektion unserer eigenen begrenzten Fantasien – dafür verantwortlich machen, dass gefühllose Menschen Böses im Schilde führen. Wenn man ihnen Macht gibt oder noch schlimmer, sie an die Macht *wählt,* werden Millionen Menschen darunter leiden. Wer hat den Holocaust angestiftet? Hitler, sagt die Geschichte. Wer war der Mann hinter dem 11. September? Osama bin Laden, wie er selbst zugegeben hat. Und wer sind die Männer hinter den hungernden Kindern in Afrika? Die Politiker, die Bauern subventionieren, damit sie nicht zu viel Weizen anbauen, verhindern mit ihrer selbstsüchtigen Politik, dass der Nahrungsüberfluss auf dem Planeten mit denen geteilt wird, die hungern und Not leiden.

Wie steht es mit der weltweit größten Nahrungsmittelschlacht, bei der sich jedes Jahr im August etwa 40 000 Menschen in der spanischen Stadt Buñol versammeln, um sich gegenseitig mit 125 Tonnen reifer Tomaten zu bewerfen? Es macht mich traurig, dass eine solche Menge an Nahrung verschleudert wird – noch dazu zu Ehren der Jungfrau Maria und der Schutzpatronin der Stadt –, während so viele Menschen abends mit leerem Bauch schlafen gehen, um am nächsten Tag aufzuwachen und wieder nichts zu essen zu haben.

Die Existenz ist von Natur aus gütig, und Teil dieser Güte ist der »freie Wille«, über den wir verfügen. Wir haben die Freiheit, diesen Planeten, auf dem wir leben, zu lieben und zu erhalten. Wir haben auch die Freiheit, ihn vollständig zu zerstören. Wir haben die Freiheit, unsere Tage glücklich oder elend zuzubringen. Wir haben die Freiheit, in Lügen zu leben oder der Wahrheit zu dienen. Der Weg, den wir wählen, liegt in unserer Verantwortung.

Es gibt Zeiten, in denen Entscheidungen, die von den Machthabern getroffen werden, andere Menschen ihres Lebens oder ihres Wahlrechts berauben, Zeiten, in denen der freie Wille, statt unser Geburtsrecht zu sein, usurpiert, durch Gewehrkugeln ausgelöscht oder zu einer fernen Hoffnung verurteilt wird. Dennoch gibt es immer wieder Überlebende – Riesen wie Nelson Mandela –, die unbesiegt bleiben trotz der größten Übermacht. In seiner inspirierenden Autobiographie *Der lange Weg zur Freiheit* zeigt Mandela, dass man den Körper 27 Jahre einsperren und der Geist dennoch ungebrochen und der Wille frei bleiben kann.

Ich erinnere mich gut an meine persönliche Auseinandersetzung mit dieser Vorstellung von einer gütigen Existenz. Es ist ein innerer Kampf, der mir tagtäglich wieder in den Sinn kommt, besonders wenn ich die Abendnachrichten sehe.

Im Zentrum aller großen Religionen steht der Grundsatz der Liebe. Aufgewachsen in einer christlichen Familie, hörte ich jeden Sonntag von der Kanzel, dass »Gott die Liebe ist«, aber meine Erfahrung in der übrigen Woche deutete auf etwas anderes hin: zwei tote Mütter, das Kind nebenan von Ekzemen heimgesucht, mein Lieblingsonkel im 2. Weltkrieg gefallen. Stellen Sie sich meine Verwirrung vor, als ich schließlich meinen ureigenen Mystiker in Indien fand und er mir letztlich dasselbe sagte.

Osho benutzte das Wort »Gott« allerdings nicht auf herkömmliche Weise. Für ihn waren Gott und die Welt nicht getrennt. »Gott« und »Existenz« sind Synonyme; sie sind ein und dasselbe. Aber ganz gleich, wie man es nennt, Gott oder Existenz, alles, so sagte er, werde von der Energie der Liebe angetrieben.

In einem früheren Kapitel habe ich geschildert, wie ich Indien verließ, um Geld zu verdienen, damit ich nach Indien zurückkehren konnte, was aus heutiger Sicht äußerst dumm erscheint, weil ich schon dort war. Aber ich hatte, wie im Nachhinein deutlich wurde, offensichtlich Lektionen über Liebe und Vertrauen zu lernen, und um sie zu bewältigen, musste ich mich fern vom Kokon der Gemeinschaft draußen in der großen weiten Welt aufhalten.

Am Abend bevor ich fuhr, ging ich zu Osho, um mich zu verabschieden. Er fragte, wohin ich gehen und wann ich zurückkommen würde. Als ich aufstand, um zu gehen, sagte er: »Wenn du es zulässt, wird die Existenz für dich auf dieselbe Weise sorgen, wie sie für die Vögel, die Bäume und Blumen sorgt.«

In diesem Augenblick wusste ich, dass mir ein weiteres verborgenes Gesetz enthüllt worden war, das mich auf meiner Suche unterstützen würde, wirklich, authentisch und ein Mensch im Einklang mit dem Kosmos zu werden. Ich begriff auch, dass der Schlüssel, um aus diesem natürlichen Gesetz Nutzen zu ziehen, im ersten Teil des Satzes lag, in den Worten »wenn du es zulässt«, und dass ich, wenn ich lernen könnte, »es zuzulassen«, entdecken würde, dass Gott/die Existenz wirklich Liebe *ist.* Ich verstand, dass es an mir lag: Ich musste mit der Existenz in Einklang kommen, denn die Existenz war, obwohl ich mir dessen nicht bewusst war, bereits in Einklang mit mir. Was ich nicht ahnte, war, wie viel Mühe notwendig sein würde und wie sehr der Feind in meinem Kopf auf jedem Zentimeter des Wegs um sein Überleben kämpfen würde.

Ich hatte bereits erfahren, was es hieß, sich dem Tod zu ergeben, aber ich wusste nicht, was es hieß, sich dem Leben zu ergeben. Und das Szenario, das schließlich dazu führte, dass ich mich einer neuen Art zu leben ergab, wurde mir in Montreal geliefert, während ich mit meinen beiden engen Freunden das Restaurant aufmachte.

Wie viele der größten Geschenke des Lebens kam es durch die banalste Situation. Den Rahmen für das Restaurant bildete eine Wohnung zu ebener Erde in der Innenstadt, die als Gewerberaum galt und groß genug war, dass wir dort wohnen konnten, während wir das Wohnzimmer in einen Speiseraum umfunktionierten. Das einzige Problem war, dass wir den Großteil unseres Geldes bereits dafür ausgegeben hatten, die Kaution und die erste Monatsmiete an den Vermieter zu zahlen.

Zuzulassen, dass die Existenz für mich Sorge trug, war weitaus schwieriger, als ich es mir vorgestellt hatte. Nach mehreren Jahren zu Füßen des Gurus in Indien war es beschämend, wie wenig Vertrauen ich hatte. Wenn ich mich nicht darauf konzentrierte, meinen lästigen Verstand zu zähmen, indem ich »das Tun einsetzte, um den Macher aufzulösen«, machte ich mir hauptsächlich Sorgen über etwas zu essen. »Was sorgst du dich?«, fragte einer meiner Freunde. »Du kannst nicht hungrig sein. Du hast gerade zu Mittag gegessen.«

»Ich weiß«, antwortete ich verlegen. »Aber wir haben kein Geld, um etwas fürs Abendessen zu kaufen.«

»Mach dir keine Sorgen«, hieß es dann. »Du wirst nicht verhungern. Wenn es Zeit fürs Abendessen ist, wird etwas zu essen da sein.«

»Wenn du es zulässt, wird die Existenz für dich Sorge tragen ...«, hatte Osho gesagt. Und er hatte Recht gehabt. Das tat die Existenz, Tag für Tag. Doch meine Zweifel hielten immer noch an.

Bereits am allerersten Morgen in der Wohnung hatte die Existenz begonnen, uns mit Segnungen zu überhäufen. Jemand, den wir in Indien kennen gelernt hatten, stand vor der Tür. »Ich habe gehört, dass ihr zurück seid. Was macht ihr jetzt?«

Ich erklärte es ihm.

»Weißt du«, sagte er nach einer Weile. »Mein Vertrag läuft noch drei Monate. Dann will ich etwas anderes machen.« Nach einer kleinen Pause fuhr er fort: »Ich hätte Lust, bei dem Restaurant mitzumachen. Aber es wäre wahrscheinlich nicht fair, das zu verlangen; ich habe keine Zeit, euch bei den Vorbereitungen zu helfen.«

»Zeit haben wir«, lachte ich. »Wir brauchen Geld.«

»Ich habe Geld«, erwiderte er. »Nicht allzu viel, aber zumindest genug für das Material. Wie wär's? Ich biete euch das Geld an, und ihr übernehmt die Arbeit.«

So hatte es angefangen. Und es war, als hätte sein Angebot eine weitere Flut ausgelöst. Freunde aus der Zeit vor Indien überhäuften uns großzügig mit Eimern voll Farbe, Schachteln voll Nägeln und Schrauben, Bauholz, Tischuntergestellen, Töpfen und Pfannen, geliehenem Elektrowerkzeug und jeder erdenklichen Ausrüstung für das Restaurant. Und mit derselben Flut trudelten Tüten und Kartons mit Lebensmitteln, heißen Pizzas und chinesischem Essen ein.

Woche für Woche erhielt ich tagtäglich den Beweis, dass die Existenz für uns Sorge trug, und dennoch konnte ich den Zweifel nicht loswerden, dass sie mich eines Tages im Stich lassen würde, dass es tatsächlich nicht möglich sein könnte, mein ganzes übriges Leben auf diese Weise zu leben.

Was mich wirklich verrückt machte, war die unerträgliche Angewohnheit der Existenz, die Bedürfnisse erst dann zu erfüllen, wenn sie da waren – und nicht eine Sekunde vorher. Mit einer Gewissheit, die fast ans Unmögliche grenzte, traf mein erster Hunger immer mit der Ankunft eines Festessens oder der Einladung zusammen, den Hammer oder Pinsel wegzulegen und zum Abendessen auszugehen. Es hat nicht ein einziges Mal nicht funktioniert!

Doch ließ ich meine Zweifel fallen und ergab mich? Nicht ich Dickschädel! Der Feind in meinem Kopf hatte mich davon überzeugt, dass all diese Güte nichts weiter war als eine unglaubliche Glückssträhne – und eines Tages würde sie einfach zu Ende sein.

Inzwischen hatten wir das Restaurant eröffnet, und ich war mit einem der Freunde in ein kleines Appartement ein Stück weiter in der Straße gezogen. Dort backte ich unter Anleitung des *Tassajara Bread Book* und des *Fannie Farmer Cookbook* für das Restaurant Brot, Pasteten und Kuchen. Was meine Ängste und mein mangelndes Vertrauen anging, so behielt ich sie für mich selbst.

Eines Abends war in unserer Kasse jedoch kein Geld für den folgenden Tag, und gegen halb zwölf Uhr nachts ließ ich meiner Meinung freien Lauf. »Da haben wir's«, sagte ich selbstgefällig. »Ich wusste, dass es nicht stimmt. Ich wusste, dass die Existenz keine Sorge tragen würde. Ich wusste, dass Osho das nur gesagt hat, damit ich leichter aus Indien weggehen kann.«

Kaum hatte ich meinen Mund zugemacht, als es an der Tür klopfte. Draußen stand eine junge Frau, die Cousine unseres Nachbarn von gegenüber, der einen Laden für Second-Hand-Kleidung in der Nähe des Restaurants betrieb. Die junge Frau fragte mich, ob wir wüssten, wo ihr Cousin sei, sie benötige den Ladenschlüssel.

»Warum?«, fragte ich. »Es ist schon sehr spät.«

»Ich gehe auf eine Mitternachtsparty und brauche eine schwarze Pyjamahose aus Satin mit einer Kordel in der Taille passend zu diesem neuen Oberteil.«

Mein Mitbewohner hatte bei seinem Vater ein wenig nähen gelernt und saß oft über einer geliehenen Nähmaschine, um alles Mögliche zu schneidern. Er ging zum Schrank und holte eine schwarze Pyjamahose aus Satin hervor, komplett mit Kordeldurchzug in der Taille, die er vor ein paar Tagen genäht hatte. »So eine?«, fragte er.

Nachdem sich die Tür hinter unserer Besucherin geschlossen hatte, drehte er sich zu mir und wedelte mit einem 50-Dollar-Schein in meine Richtung. »Siehst du«, sagte er. »Wir haben doch noch Geld für morgen.«

Das war für mich der Augenblick, in dem ich mich ergab. Es war der Gipfel, der Tropfen, der das Fass zum Überlaufen brachte. Im Bruchteil einer Sekunde schmolz jeder Zweifel einfach dahin. Ich sagte laut: »In Ordnung, ich ergebe mich«, und ich meinte es mit jeder Faser meines Seins.

»Wenn du es zulässt, wird die Existenz für dich Sorge tragen, genauso wie sie für die Vögel, Bäume und Blumen Sorge trägt«, hatte mir mein Guru gesagt. »Trau niemals etwas anderem als deiner eigenen Erfahrung«, hatte er auch gesagt. Jetzt wusste ich aus eigener Erfahrung und aufgrund meiner totalen Kapitulation, dass ich in einer Welt lebte, der ich trauen konnte. Und von diesem Tag an bis heute, 25 Jahre danach, bildet dieses Wissen das Fundament meines Lebens.

Was heißt es, im Vertrauen und mit der Kapitulation zu leben?

Die Mystiker sagen, dass Vergessen die grundlegende Ursache allen Leidens sei, dass wir in Schmerz, Angst und Verwirrung leben, weil wir vergessen haben, wer wir wirklich sind – und sich erinnern beinhaltet, unsere Stellung hier in der Welt anzuerkennen. Wir sind weder die Hüter noch die Herren über die Schöpfung, wie uns die katholische Kirche mit ihrem Dogma der Getrenntheit weismachen möchte. Jeder von uns ist ein Blatt am Baum des Lebens, ein Tropfen im Ozean des Lebens, ein integraler Bestandteil des größeren Ganzen. Wir gehören hierher; das ist unser Zuhause. Wenn wir das nicht erkennen können oder wollen, wenn wir dieses Leben nicht voll und ganz leben, wird die Existenz nicht nur gemindert, sondern die erstaunlichste Chance wird verschwendet.

Kapitulation bedeutet anzuerkennen, dass es um etwas Größeres als um uns geht. Unser Hiersein ist kein zufälliges Ereignis. Ganz gleich, ob unsere Geburt die Folge einer geplanten Schwangerschaft oder das zufällige Nebenprodukt eines sexuellen Abenteuers war, wir sind hier, weil wir hier sein sollen. Vielleicht haben wir eine bestimmte Lektion zu lernen – wie Selbstliebe oder selbstloses Dienen, Furchtlosigkeit oder Mitgefühl, gegenseitige Abhängigkeit oder ein Leben im Vertrauen. Vielleicht sind wir gekommen, um eine spezifische Rolle auf der Bühne der Welt zu spielen – als Präsident oder Papst, Industriemagnat oder politischer Rebell, Monarch oder Kinostar. Oder vielleicht um ein ganz durchschnittliches Leben zu führen: Holzhacken und Wassertragen, wie es in der alten Zen-Geschichte heißt.

Sich ergeben heißt sich bewusst darauf einlassen, das Leben zu leben, das für uns bestimmt ist, denn ebenso wie in der Natur ist bei uns der Baum im Samen angelegt. Ein Leben des Sichergebens heißt, den Fluss nicht zu drängen, es heißt, dem Ganzen zu vertrauen und zuzulassen, dass die Dinge sich entfalten.

Um eine Plattform für die Kapitulation zu schaffen, ein Sprungbrett ins Vertrauen, müssen wir zwei verborgene Aspekte des Menschseins erforschen und verstehen:

- Das Einzige, was wir wirklich sind, ist Zeugenbewusstsein.
- Unser Verstand ist der Diener, nicht der Herr.

Zu den seltsamsten und unerklärlichsten Phänomenen des Lebens gehört für mich, dass wir Menschen ohne vorherige Anhörung – zumindest keine, an die wir uns erinnern – in diese Welt geworfen werden, und die meisten verlassen sie, ohne eine Ahnung davon zu haben, wer sie wirklich sind. »Warum?« ist eine Frage, die kein Buch beantworten kann. Das Höchste, das ich mir erhoffen kann, ist Ihre Neugier anzustacheln, mit der persönlichen Suche zu beginnen. Dennoch hört es nie auf, mich zu verwundern, dass sich die Mehrzahl der Menschen nie die Mühe macht zu fragen: »Wer bin ich?«

Vor fast 40 Jahren stellte Alan Watts etwas Ähnliches fest in dem Buch *Die Illusion des Ich:*

> Wir brauchen keine neue Religion oder Bibel. Wir brauchen eine neue Erfahrung – ein neues Gefühl, was es heißt, »Ich« zu sein. Die nackte Wahrheit über das Leben (die natürlich die geheime und tiefe Sicht ist) lautet, dass unser gewöhnliches Gefühl eines Selbst ein Schwindel oder bestenfalls eine vorübergehende Rolle ist, die wir spielen oder die uns jemand durch einen faulen Trick eingeredet hat zu spielen – mit unserem eigenen stillschweigenden Einverständnis, so wie jeder Hypnotisierte grundlegend bereit ist, sich hypnotisieren zu lassen. Das Tabu, dem von allen bekannten Tabus am meisten Nachdruck verschafft wird, ist das Tabu, nicht zu wissen, wer oder was wir wirklich hinter der Maske unseres scheinbar getrennten, unabhängigen und isolierten Ego sind.

»Wir brauchen eine neue Erfahrung«, sagte Watts – und die buddhistische Technik von *Neti neti,* »Nicht dies, nicht das«, kann Sie auf den Weg bringen. Mit Bemühen und Aufmerksamkeit kann sie Ihnen helfen, zu offenbaren, wer Sie nicht sind. Und wenn eines Tages die Zwiebelschichten abgeschält sind, wird das Zeugenbewusstsein, das wir wirklich sind, das Einzige sein, was bleibt. Ob es uns bewusst ist oder nicht, dieses Zeugenbewusstsein ist das Einzige, was gleich bleibt. Alles andere altert und fällt weg.

Dieses Gleichbleiben erleben ältere Menschen, wenn sie sagen, dass sie sich trotz der Verschleißerscheinungen, die sich im Äußeren zeigen, innerlich immer noch genauso fühlen wie früher. Meine 83-jährige Schwiegermutter sagt, dass sie ab und zu einen Blick von sich im Spiegel erhascht und denkt: »Mein Gott, wer ist denn das?«

Genau auf diese Erfahrung spielt Milan Kundera in dem folgenden Absatz aus seinem Roman *Unsterblichkeit* an:

> Stell dir vor, du lebst in einer Welt, in der es keine Spiegel gibt. Du würdest von deinem Gesicht träumen und es dir als äußerliches Bild dessen vorstellen, was in deinem Innern ist. Und dann, wenn du vierzig wärst, hielte dir jemand zum ersten Mal einen Spiegel vor. Stell dir deinen Schrecken vor! Du sähest ein völlig fremdes Gesicht. Und wüsstest ganz genau, was du nicht verstehen willst: dein Gesicht, das bist nicht du.

Auch unser Verstand ist nicht, wer wir sind. Und hierin liegt eine der größten Herausforderungen, die sich jedem Wahrheitssucher stellt.

Von Kindheit an werden wir gelehrt, ganz auf die Karte unseres Verstandes zu setzen. Die soziale Prägung, die Programmierung vonseiten der Eltern, persönliche Beziehungen, Schule und Erziehung, religiöse Überzeugungen, der Beruf – alles ist am Verstand orientiert.

Ich habe es bereits gesagt, aber es muss noch einmal wiederholt werden: Der Verstand ist ein wirklich hervorragendes Werkzeug. Er ist eine riesige Datenbank, ein grenzenloses Informationslager – angefüllt mit automatisch aufgenommenen und sofort abrufbaren Fakten und Zahlen, Namen und Gesichtern, Menschen und Orten, ein Archiv für jede Fähigkeit, die wir uns angeeignet, jede Emotion, die wir gefühlt, jede Erfahrung, die wir gemacht haben. Der Verstand hat auch eine erstaunliche Roboternatur, eine, die uns lernen und anschließend abrufen lässt, wie man Auto fährt, eine Fremdsprache spricht, 300 Anschläge in der Minute tippt, multipliziert und dividiert.

Überdies ist der Verstand ein konditionierter Reflex – eine unentwegte, nicht anhaltbare Denkmaschine, die ständig programmierte Vorstellungen und Gedanken anderer Menschen abspult, die wir irrtümlich für unsere eigenen halten und als unsere eigenen verteidigen. Er ist ein Traumfabrikant, der seine eigenen Tagträume, Wünsche und Wahnvorstellungen auf die Leinwand des Lebens projiziert und uns einredet, dass sie wirklich sind. Der Verstand ist niemals im gegenwärtigen Augenblick; er hält sich entweder in der Vergangenheit oder in der Zukunft auf. Er beherbergt auch den Feind, der in unserem Kopf wohnt.

Das größte Rätsel des Menschseins ist die Identifikation mit dem Verstand, die Überzeugung, wir seien unsere Gedanken. Sie ist unwahr, aber nachvollziehbar. Wir glauben, wir seien unser Verstand, weil er das Werkzeug ist, das wir benutzen, um zu kommunizieren, in Beziehung zu treten und mit der Welt in Kontakt zu treten; wir glauben es überdies, weil wir kein Bewusstsein davon haben, dass eine ganz andere innere Dimension existiert. Und dennoch, wenn wir aufmerksam sind, werden wir sehen, dass die andere Dimension diese Dimension auf tausenderlei Weisen durchdringt.

Nehmen wir beispielsweise den Vorgang des logischen Denkens – das als eine der höchsten Verstandesfähigkeiten gepriesen wird. Für mich ist das nicht die ganze Geschichte. Das logische Denken stellt unsere Fähigkeit dar, die in unserem Verstand gespeicherten Vorstellungen und Ideen zu nehmen – Vorstellungen, die selten originell sind – und daraus neue Schlussfolgerungen zu ziehen, indem wir sie auf einzigartige und innovative Weise miteinander verknüpfen und kombinieren.

In meinem Buch *Heilen mit Farben* habe ich einen Absatz aus Ayn Rands *Der ewige Quell* zitiert, und in diesem Zusammenhang ist er es wert, noch einmal zitiert zu werden. Rand schrieb:

> Wir erben die Gedankenprodukte anderer Menschen. Wir erben das Rad. Wir machen einen Wagen. Der Wagen wird zu einem Automobil. Aber durchweg ist das, was wir von andern erhalten, nur das Endprodukt ihres Denkens. Die bewegende Kraft ist die schöpferische Fähigkeit, die dieses Produkt als Material nimmt, es benutzt und zum nächsten Schritt übergeht.

Meiner Ansicht nach hat diese Innovation, diese schöpferische Fähigkeit, nichts mit dem Verstand zu tun. Innovation entsteht aus Geistesblitzen von jenseits des Verstandes wie die Eureka-Augenblicke, von denen viele Wissenschaftler berichten, und anschließend wird ihr durch das Instrument des Verstandes praktische Form und Anwendung gegeben. Um zum Ausdruck zu kommen, mögen Intuition und Verstand einander zwar brauchen; sie mögen Partner in der Kreativität sein, aber wer ist es, der sich die Vorstellungen und Ideen des Verstandes zunutze macht, sie auf einzigartige und originelle Weise miteinander verbindet und kombiniert? Wer gibt dem Geistesblitz Form? Nicht das Werkzeug, sondern der Benutzer des Werkzeugs. Es ist nicht der Verstand; Sie sind es.

Nicht mein Verstand hat dieses Buch geschrieben. Der Verstand hat die Sprache, die Grammatik- und Interpunktionskenntnisse, die Tippfähigkeit und die Erinnerungen geliefert, die ich zur Veranschaulichung verwendet habe. Die Substanz kam aus etwas Tieferem, der schweigenden inneren Quelle, aus der alles entsteht.

Der Verstand ist ein Fluss, ein Prozess; er ist ebenso sehr das wunderbarste Werkzeug in der Existenz wie ein veränderbares Minenfeld von Konditionierungen und Programmen, von Kontrolle und Negativität, Starrheit und Rechthaberei, geklauten Ideen und den Prinzipien anderer Menschen. Ganz gleich, ob seine Kräfte und Fähigkeiten positiv oder negativ sind, der Verstand kann nicht die Klarheit zur Verfügung stellen, auf die man ein Leben gründen kann, das im Einklang mit dem kosmischen Gesetz steht. Das ist nicht seine Funktion; dafür ist er nicht geschaffen. Suchen Sie in Ihrem Herzen oder, noch tiefer, in Ihrem Wesen danach.

Deshalb höre ich nicht länger auf den Verstand oder lasse ihn wichtige Entscheidungen treffen. Der Verstand ist weder dafür ausgerüstet noch dazu gedacht, diese Funktion zu übernehmen.

Ein Ereignis vor vielen Jahren zeigte mir das deutlich.

Ich stand irgendwann vor der schwersten Entscheidung überhaupt – und ich hatte keine Ahnung, was ich tun sollte. Ich konnte mich einfach nicht entscheiden, aber ich dachte damals, das sei unbedingt notwendig.

In dem Augenblick, in dem sich eine mögliche Lösung abzeichnete, schlug der Verstand jedes Mal eine Alternative vor. Und dieses Hin und Her, dieses Pro und Kontra, dies Vor und Zurück hielt unvermindert mehrere Jahre an. Eines Nachmittags fielen dem Verstand plötzlich keine Optionen mehr ein. Ein Augenblick absoluter Stille trat ein – und dann schoss einem Vulkanausbruch gleich die Antwort auf mein Dilemma aus den Tiefen meines Seins an die Oberfläche. Der Umstand, dass sie ein beträchtliches Risiko beinhaltete, war irrelevant; die Antwort war total und unzweifelhaft richtig.

Es ist erwähnenswert, dass die Lösung eine Möglichkeit war, die mein Verstand nicht einmal in Betracht gezogen hatte; sie kam aus einem inneren, weiseren Bereich jenseits des Denkens.

Durch diese Erfahrung erhielt der Verstand an diesem Tag zum ersten Mal den richtigen Platz in meinem Leben. Und seither habe ich keine wichtige Entscheidung mehr aus dem Verstand getroffen. Meine Methode heutzutage besteht darin, dass ich die Frage formuliere – ich habe gelernt, dass es wichtig ist, präzise zu sein – und sie dann »hinausschicke« in den Äther und warte. Das Warten ist der schwierige Teil, weil die Existenz ihre eigenen Zeitvorstellungen hat. Aber es lohnt sich: Die perfekte Antwort kommt immer.

Als ich an diesem Buch schrieb, sandte ich ein paar Kapitel an einen Freund, der neugierig war. Er schickte mir eine E-Mail zurück, in der er schrieb: »Ich kann mir vorstellen, dass sich bestimmte Menschen tief angesprochen fühlen werden, während andere zum Schluss kommen, dass du deinen lieben kleinen Verstand verloren hast.« Das brachte mich zum Lachen, denn er traf den Nagel auf den Kopf. So wie ich in der Welt lebe, aber nicht von ihr bin, habe ich auch meinen Verstand »verloren«. Ich habe mit meinem Verstand gelebt, und ich habe ohne ihn gelebt, und Sie können mir glauben, ohne ihn lebt es sich besser.

Hört die Arbeit an uns selbst auf, wenn wir uns ergeben haben und das Leben im Vertrauen beginnt? Ja und nein. Die Stadien des Bemühens und der Mühelosigkeit sind eine Art spirituelle Gartenarbeit. Die Mühe ist notwendig, um den Boden umzugraben, die Steine zu entfernen, die Erde vorzubereiten und die Saat einzusäen. Dann kommt die mühelose Pflege – mühelos, weil man das Wachstum der Saat nicht beschleunigen kann; mühelos, weil es eine Arbeit der Liebe ist.

Sich der Existenz zu ergeben und den Sprung ins Vertrauen zu wagen bedeutet nicht, dass Sie morgen Ihre Stelle kündigen. Es kann sein, dass Sie nicht länger *von* der Welt sind, nicht länger eins mit deren Ego- und Machtspielen, aber Sie leben immer noch *in* ihr, und wie es die verstorbene englische Königinmutter so gut formulierte: »Arbeit ist die Miete, die man für das Leben zahlt.« Bei der spirituellen Entwicklung ist Bewusstheit die Miete.

Auf einem Gebäude der australischen Soldaten- und Veteranenvereinigung in Sydney prangt das Motto: *Der Preis der Freiheit ist ewige Wachsamkeit.* Wie »Kapitulation« ist auch dieses Motto der RSL Teil des Kriegsvokabulars. Aber es ist zugleich ein Wegweiser auf dem Weg zur Wahrheit, eine Mahnung, die Schlaglöcher geborgter Ideen und Konditionierungen zu meiden und wachsam gegenüber den Sabotageversuchen zu bleiben, die der Feind in unserem Kopf ausheckt.

Verborgene Gesetze wie »Wenn du es zulässt ...« wirken, wenn sich ein Sinneswandel in Ihnen vollzieht. Das Leben wird sich nicht ändern, nur damit Sie sich wohler fühlen. Es liegt an Ihnen, in Einklang mit dem kosmischen Gesetz zu kommen. Und dann können Sie mit weit geöffneten Augen auf den Wellen nach Hause reiten.

7

Das Zeugenbewusstsein aktivieren

Das Aktivieren des Zeugenbewusstseins ist ein Thema, das sich durch das gesamte Buch zieht, denn in dem Prozess, ganz zu werden und in Einklang mit dem kosmischen Gesetz zu kommen, ist der Zeuge das Fundament, auf dem alles andere ruht. Wenn wir uns die hier besprochenen verborgenen Gesetze des persönlichen Wachstums und der Entwicklung zunutze machen wollen – vom »Tun, um den Macher aufzulösen« über »Keine Beachtung schenken« und »Erzeuge die Wirkung …« bis hin zu »Wenn du es zulässt …« –, ist dazu unsere Fähigkeit notwendig, diese Gesetze bewusst anzuwenden.

Wie oft waren Sie schon einmal so sehr in etwas vertieft, dass Sie plötzlich auf die Uhr geschaut und sich gewundert haben, wo die Zeit geblieben ist? Es ist nichts weiter geschehen, als dass sich für eine bestimmte Zeitspanne der »Macher« in Ihrem »Tun« aufgelöst hat. Dieses verborgene Gesetz ist unbewusst auf den Plan getreten, ohne dass Sie es gemerkt haben. Überlegen Sie, wie kreativ und effektiv Sie dieses Gesetz ganz bewusst anwenden könnten, um beispielsweise den Feind in Ihrem

Kopf zu neutralisieren und es als Werkzeug für bewusstes Wachstum einzusetzen.

Puristen könnten der Meinung sein, dass »aktivieren« ein seltsames Wort im Zusammenhang mit dem inneren Zeugen ist, einem Bewusstseinszustand, der, obwohl er von dem Lärm unseres plappernden Verstandes verdeckt wird, bereits da ist und nur enthüllt zu werden braucht.

Als wir das Haus kauften, in dem wir jetzt wohnen, erbten wir einen üppigen und fertig angelegten Garten. Unser erstes Frühjahr barg viele Überraschungen; unerwartet steckten plötzlich Pflanzen ihren Kopf aus der sich erwärmenden Erde. Wenn wir auf einen solchen verborgenen Schatz stießen, der mit seinen Nachbarn um einen Platz an der Sonne rang, machten wir den Raum um ihn herum frei, um Platz und Wachstumsmöglichkeiten für ihn zu schaffen.

Den Zeugen aktivieren heißt, Platz zu schaffen: für die Chance zu sorgen, dass der, der wir eigentlich sind, sich offenbaren kann. Das Wesen des Zeugen ist Bewusstheit; als Bewusstheit äußert er sich, und da Bewusstheit der Motor der spirituellen Entwicklung und des inneren Wachstums ist, muss der Zeuge aktiviert werden.

Der Prozess, durch den das geschieht, durch den der Zeuge befreit wird, übersteigt den Verstand. Das Werkzeug oder die Technik dafür ist die Meditation.

»Meditation« ist ein weiterer dieser Begriffe, die mit einem Übergang zu tun und eine Doppelbedeutung haben. In der Welt des Verstandes heißt »Meditation« Kontemplation: über etwas nachdenken, mit anderen Worten, denken. In der Welt des Seins heißt »meditieren« den Verstand überwinden, jenseits des Verstandes zu der schweigenden, glückseligen Leere gelangen, die unser innerstes Wesen ist. Hier wartet der Zeuge.

Meditation heißt, den Verstand distanziert zu beobachten. Sie bedeutet, gleichsam aus der Ferne den Prozess zu verfolgen, wie Gedanken aufkommen und, statt sich in ihnen zu verfangen, zuzulassen, dass sie sich auflösen, sie einfach loszulassen. Es ist nicht so leicht, wie es sich anhört. Versuchen Sie es – Sie werden feststellen, dass Ihr Verstand seinen eigenen Regeln folgt und unablässiges Plappern sein Wesen ist.

Um uns zu helfen, uns nicht ständig in der unaufhörlichen Prozession der vorüberziehenden Gedanken zu verfangen, lehrte Osho uns, uns auf die Lücken zu konzentrieren, auf die stillen Zwischenräume zwischen den Gedanken. Das ist anfangs schwierig, weil die Pausen zwischen den Gedanken zuerst beinahe nicht wahrnehmbar sind. Aber es *gibt* sie, und mit der Zeit werden sie deutlicher und leichter zu unterscheiden. Diese Lücken sind entscheidend: Sie gestatten einen kurzen Blick in die Transzendenz, sie sind die Pforten zu der stillen, existenziellen Leere, die dahinter liegt, zu dem Zeugenbewusstsein, das das echte, unverdorbene und unverderbliche Ich ist.

Meditation ist ein innerer Zustand – äußerst subjektiv und schwierig mit Worten zu beschreiben. Es *gibt* jedoch Hinweise. Vielleicht mehr als alles andere kann Ihnen Musik einen Vorgeschmack davon geben.

Versuchen Sie in die Klänge meines Freundes und Pioniers auf dem Gebiet der New-Age-Musik Georg Deuter einzutauchen, in die des Starcellisten Yo-Yo Ma oder in die bewegenden Aufnahmen des verstorbenen Vina-Virtuosen Zia Mohiuddin Dagar. Aber was die Kombination von Worten und Musik angeht und dabei den gelungenen Versuch, den schweigenden Duft der Meditation zu vermitteln, tut es niemand meiner Landsmännin, der Kanadierin Joni Mitchell, gleich. In dem 2003 veröffentlichten Dokumentarfilm *Joni Mitchell: Woman of Heart and Mind* drückt der Sänger und Songschreiber David Crosby diese entscheidende Gabe so aus:

> Ich denke, in ihrem ganzen Werk steckt das Bemühen, die Musik zum Schweben zu bringen, sie von der Zeitlichkeit zu befreien, und sobald sie dorthin gelangt … *whow* …, ist es fast wie ein religiöser Gesang, dieses Bedürfnis nach Befreiung und Transzendenz, dieses Bedürfnis, sich über der Kultur zu bewegen, oben am Himmel zu schweben, zu spiegeln, nicht *darin* zu sein, sondern darauf herabzuschauen.

Wenn Sie Crosbys Worte nach innen nehmen und auf sich selbst beziehen, dann haben Sie einen Geschmack von Meditation. Vor einem Hintergrund von innerer Stille ist dieses Beobachten, Sichdistanzieren und Loslösen, diese Aufhebung der Identifikation – von Ihrem eigenen Körper-Verstandes- und Emotionskomplex statt von der Welt draußen – exakt das, worum es bei der Meditation geht.

Wir alle sind verschieden, und wenn Sie das Zeugenbewusstsein aktivieren wollen, ist es wichtig, dass Sie die Meditationstechnik finden, die sich für Sie am besten eignet. Wie bei jeder Suche nach dem, was zu Ihrem Temperament passt und Sie weiterbringt, ist das persönliche Experimentieren die einzige zuverlässige Methode. Heutzutage ist Meditation in vielen westlichen Ländern eine Ware, die sich sehr gut verkauft, und es werden Tausende von Disziplinen und spezialisierten Techniken angeboten. Doch können die meisten Meditationsformen in einige allgemeine und fundamentale Kategorien eingeordnet oder auf sie zurückgeführt werden:

- Formelles Sitzen, gewöhnlich in dem von den Buddhisten so bezeichneten Lotussitz, wobei man den Körper möglichst still hält und das Bewusstsein auf das Kommen und Gehen des Atems richtet. Beispiele sind Zazen und Vipassana. Eine weitere Sitztechnik ist die Transzendentale Meditation, bei der es um die Wiederholung eines individuellen Mantras statt um die Konzentration auf den Atem geht.
- Yoga, das weltweit gelehrt und praktiziert wird, gründet auf den Lehren von Patanjali, einem indischen Weisen, der zwischen dem 6. und 5. Jahrhundert v. Chr. lebte. Das Wort »Yoga« kommt von *yuj*, dem Sanskrit-Wort für »vereinen«, und das Ziel besteht darin, durch spezifische Stellungen und Atemübungen eine Vereinigung des individuellen Selbst mit dem universalen Selbst zu erreichen. Es gibt Tausende von Traditionen und Varianten. Vielleicht ist die bekannteste Form jene, die von dem Inder B. K. S. Iyengar entwickelt und verbreitet wurde, Autor des Standardwerkes *Licht auf Yoga.*
- Aktive Meditationsformen wie das spontane Latihan, das Anfang des letzten Jahrhunderts von dem indonesischen Mystiker und Begründer der Subud-Bewe-

gung Muhammad entwickelt wurde, Oshos Kundalini-Meditation mit Schütteltechnik und seine Nataraj-Tanzmeditation sowie die mächtige dynamische Meditation, die mein Leben veränderte.

- Achtsamkeitstechniken, in denen man sich im eigenen Alltag um ein fortlaufendes Zeugenbewusstsein dessen bemüht, was im Körper, im Verstand und in den Emotionen geschieht, darunter auch, wo wir unseren Schirm abgestellt haben. Diese werden unter anderem in der Mahayana-Tradition des tibetischen Buddhismus und in der »Selbsterinnerung« des im 20. Jahrhundert lebenden Meisters Georg Gurdjieff geübt.

Ähnlich wie man erst durch Probieren lernt, welche Oliven einem schmecken, muss man auch die Meditationstechniken prüfen, aber es kann mehr als einer kleinen Kostprobe bedürfen, um einzuschätzen, welche richtig für Sie ist. Eine wirksame Methode, um es herauszubekommen, besteht darin, an einem Meditationswochenende, Retreat oder Programm teilzunehmen, wie etwa den zehntägigen Intensivmeditationen, die wir in Poona, Indien, machten, oder den kostenlosen, zehntägigen Retreats, die seit mehreren Jahren regelmäßig von Vipassana-Zentren rund um die Welt angeboten werden. Das vollständige Eintauchen in ein intensives Meditationsseminar ist herausfordernd und konfrontierend und kann in Kombination mit der unterstützenden Energie einer Gruppe von Menschen, die mit einem auf dem Weg sind, ein mächtiges Werkzeug der Veränderung sein.

Wenn Sie eine passende Technik gefunden haben, sollten Sie sich vornehmen, täglich zu üben. Wer Sie wirklich sind, war sehr lange – über mehrere Leben – hinter dem Schleier des Verstandes verborgen, und wie bei anderen Unternehmungen werden nur totale Bemühung und engagiertes Üben lohnenswerte Resultate bringen.

Für mich war die dynamische Meditation von Osho das Richtige. Es war harte Arbeit, aber ich machte sie jeden Tag drei Jahre lang, wo auch immer ich war. In einer abgeschiedenen Umgebung, in der ich das kathartische Stadium laut durchführen konnte, tat ich es; wenn es wie in einer Stadtwohnung nicht möglich war, gab ich der emotionalen Befreiung durch den Körper Ausdruck und zügelte den Lärm des Springens. Aber selbst das Atmen macht Lärm. In der Zeit, als ich von Indien fort und im Westen war, suchte ich deshalb gewöhnlich die Nachbarn auf, um ihnen zu erklären, was ich tat. Ein Mann sagte im Hinblick auf die rasselnden Geräusche beim chaotischen Atmen, er sei froh, dass ich es ihm erklärt habe. Er hatte sich gewundert, warum der Mann nebenan morgens immer eine Zeit lang Holz sägte.

Dynamische Meditation ist auch sehr gut für den Körper. Eine nicht unerhebliche Begleiterscheinung – besonders beim heutigen Fitnessbewusstsein – ist, dass sie es als Training mit den härtesten Aerobic-Übungen aufnehmen kann. Nie waren mein Bauch flacher, meine Muskeln fester, meine Lungen stärker oder mein Körper straffer. Nie war ich innen wie außen besser in Form.

Warum habe ich also nach drei Jahren aufgehört? Es war keine bewusste Entscheidung. Die Arbeit, die die Meditation bewirken sollte, war offensichtlich getan. Als der Zeuge aktiviert war, als die Bewusstheit so instinktiv war wie das Atmen, fiel die Technik einfach von selbst weg.

Ich möchte jedoch damit keine Sekunde lang sagen, dass die Arbeit an mir selbst aufhörte, weil ich keine dynamische Meditation mehr betrieb. Wachstum und Entwicklung gingen unvermindert weiter. Ich machte genauso fleißig weiter, übernahm Verantwortung für mein Leben und stellte mich den auftauchenden Problemen. Es war einfach eine andere Phase, die eine andere Methode verlangte.

Osho sagte oft, dass die Worte »Meditation« und »Medizin« aus derselben Wurzel kommen. Er verglich den konditionierten Verstand mit einer spirituellen Krankheit – eine Bemerkung, die man schlecht bestreiten kann angesichts des Chaos, das der »denkende« Mensch bisher aus der Welt gemacht hat – und Meditation als das Heilmittel.

Sobald man von einer Krankheit geheilt ist, muss man die Medizin nicht länger einnehmen. Um ein langfristiges Wohlbefinden zu wahren, reicht eine regelmäßige Kräftigung. Seit die tägliche Übung der dynamischen Meditation aufgehört hat, besteht mein spirituelles Tonikum in einer doppelten Zielrichtung des Bewusstseins. Es richtet sich nach außen auf meine Umgebung und, wie die Selbsterinnerung von Gautama Buddha und Georg Gurdjieff, ebenso nach innen, wobei die Aufmerksamkeit dem gilt, was in meinen Emotionen, meinem Körper und Verstand vorgeht.

Was die Aktivierung des Zeugen angeht, ist die dynamische Meditation die einzige Meditationstechnik, über die ich aus der Autorität der Erfahrung sprechen kann. Ich möchte vorweg sagen, dass mir nichts daran liegt, jemanden zu überzeugen oder zu bekehren. Osho verließ diese Welt 1990; es gibt also keine Organisation, der man sich anschließen kann, keine formelle Struktur ist geblieben. Mein Ziel ist, das mitzuteilen, was ich beobachtet und verstanden habe, damit auch andere den Versuch unternehmen, die Welt der Meditation zu erforschen, ganz gleich, welchen Weg sie wählen. Das Experimentieren wird Sie zu der Methode führen, die für Sie richtig ist.

Für mich war die dynamische Meditation ein Geschenk, ein Segen – und für diejenigen, die sie ausprobieren möchten, folgt hier eine Anleitung. In dem folgenden Auszug aus der internationalen Osho-Homepage *www.osho.com* (mit deutscher Version und Videos zum Anklicken) wird die Durchführung so beschrieben:

Die dynamische Meditation dauert eine Stunde und hat fünf Phasen. Man kann sie alleine machen, aber die Energie wird viel stärker, wenn man sie mit anderen zusammen macht. Sie ist eine individuelle Erfahrung, deshalb solltest du während der ganzen Meditation die anderen um dich herum total vergessen und deine Augen geschlossen halten; am besten trägst du eine Augenbinde. Mache die dynamische Meditation mit nüchternem Magen und trage bequeme, weite Kleidung.

Erste Phase: 10 Minuten

Atme chaotisch durch die Nase; achte dabei nur auf das Ausatmen. Für das Einatmen sorgt der Körper von selbst. Atme so schnell und so heftig, wie du kannst – und dann noch ein bisschen heftiger, bis du nur noch Atmen bist. Nutze die natürlichen Bewegungen deines Körpers, um mehr Energie zu bekommen. Fühle, wie sie zunimmt, aber erlaube ihr nicht, sich schon in der ersten Phase auszutoben.

Zweite Phase: 10 Minuten

Explodiere! Lass alles raus, was herausbrechen will. Werde total verrückt. Schreie, brülle, weine, hüpfe, schüttle dich, tanze, singe, lache; tobe herum. Halte nichts zurück, halte deinen ganzen Körper in Bewegung. Am Anfang kannst du ruhig ein wenig schauspielern, um hineinzukommen. Lass nicht zu, dass dein Kopf sich einmischt. Sei total, sei mit ganzem Herzen dabei.

Dritte Phase: 10 Minuten

Springe mit erhobenen Armen auf und ab und rufe dabei das Mantra: »Huh! Huh! Huh!« so tief aus dem Bauch heraus wie nur möglich. Jedesmal, wenn du auf deinen Füßen landest, und zwar mit der ganzen Sohle, lasse diesen Ton in dein Sexzentrum hämmern. Gib alles, was du hast; erschöpfe dich total.

Vierte Phase: 15 Minuten

Stopp! Erstarre und bleibe genau in der Position, in der du gerade bist. Versuche nicht, es dem Körper bequem zu machen. Ein Husten, die kleinste Bewegung, und schon wird die Energie zerstreut und alle Mühe war umsonst. Beobachte alles, was mit dir geschieht.

Fünfte Phase: 15 Minuten

Gehe mit der Musik, tanze, drücke deinen Dank an die Schöpfung aus und nimm dieses Glücksgefühl mit in den Tag.

Wenn du dort, wo du meditierst, keinen Lärm machen darfst, dann gibt es noch eine stille Version: Anstatt die Emotionen herauszuschreien, lasse in der zweiten Phase die Katharsis allein durch die Bewegungen deines Körpers geschehen. In der dritten Phase kannst du den Ton Huh! lautlos nach innen hämmern.

Osho führte seine dynamische Meditation zum ersten Mal 1970 bei einem der zehntägigen Meditationscamps ein, die er damals regelmäßig an verschiedenen Orten in Indien abhielt. Ich probierte sie zum ersten Mal im Oktober 1973 um sechs Uhr morgens auf dem Chowpatty Beach von Bombay aus. Die Behauptung, dass ich augenblicklich begeistert war, wäre eine Übertreibung, aber es dauerte nicht lange, bevor diese Meditation zum Höhepunkt meines Tages wurde. Nichts hatte mich je so tief in mein Inneres geführt. Nichts hatte je bewirkt, dass ich mich so gut oder – in dem Augenblick – so schlecht fühlte.

Im Geburtsland der Meditation, wo Yoga seit Tausenden von Jahren die dominierende Stellung innehatte, war Oshos dynamische Meditation eine Revolution und wurde von den meisten Hindu-Traditionalisten als unnötige und respektlose Neuerfindung des Rads betrachtet.

Warum schuf Osho also eine neue Technik? Die bestehenden Techniken waren für Menschen entwickelt worden, die 2000 Jahre früher gelebt hatten, und seiner Meinung nach waren sie nicht länger imstande, den Bedürfnissen des modernen Menschen gerecht zu werden.

Die Zeiten haben sich geändert, und die Menschen auch. Moderne Männer und Frauen, sagte er, lebten im Grunde wie Zuschauer, sie nähmen selten aktiv voll und ganz am Leben teil.

Aber das Leben ist kein Zuschauersport; es ist ein Prozess, der sich entfaltet, indem man ihn lebt. Heutzutage sind die Menschen passionierte Zuschauer. Wir leben zunehmend ein distanziertes, technisiertes Leben und entfernen uns von menschlicher Interaktion bei der Arbeit und im Spiel. Wir leben in einem Zeitalter, in dem Computerbildschirme, Fernseher, PDAs, Handys und Videospielkonsolen unser Fenster zur Welt bilden. Immer häufiger verkehren wir mit anderen über die Entfernung und elektronisch, durch E-Mails, SMS und MSM-Nachrichten, Chatrooms, geschäftliche Videokonferenzen, Webcams, Online-Shopping und -Banking. Diese technologischen Errungenschaften sind großartig; sie bringen eine spürbare Effizienz- und Produktivitätssteigerung, aber irgendeine Art von Ausgleich tut Not. Das Leben besteht aus mehr als aus einer Tastatur und einem Bildschirm. Selbst wenn wir mit anderen ausgehen, geht es oft darum, wieder zuzuschauen: Wir sitzen auf einer Tribüne und verfolgen eine Sportveranstaltung, in einem Straßencafé und beobachten die Passanten oder in einem Kino und schauen auf eine Leinwand.

Diese »Zuschauer-Konditionierung« beginnt immer früher. In einer 2003 veröffentlichten Studie der Henry J.

Kaiser Family Foundation mit dem Titel *Von eins bis sechs: Elektronische Medien im Leben von Säuglingen, Kleinkindern und Kindern im Vorschulalter*, an der über tausend Eltern von Kindern zwischen sechs Monaten und sechs Jahren teilnahmen, hieß es, dass in den USA mehr als ein Viertel aller Kinder unter zwei Jahren einen Fernseher in ihrem Zimmer haben und über zwei Stunden pro Tag Fernsehen, Videos oder DVDs schauen. Es gibt sogar Computer-Lapware für Babys, mit der sie spielen können, während sie auf dem Schoß ihrer Eltern sitzen, die im Internet surfen oder sonstwie am Bildschirm arbeiten.

Amerikanischen Gutachten zufolge haben Kinder zum Zeitpunkt ihres Highschool-Abschlusses mehr Zeit vor dem Fernseher als in der Schule zugebracht. Dann gibt es noch das Internet. Die führende Forschungsfirma International Data Corporation rechnet hoch, dass im Jahre 2007 die Internet-Benutzer jeden Tag über 64 000-mal eine Datenmenge herunterladen und weiterleiten werden, die der gesamten amerikanischen Library of Congress entspricht. Es hat den Anschein, dass eine weitere Generation von Zuschauern, die am Bildschirm kleben, im Anmarsch ist.

Je mehr wir Zuschauer sind, desto mehr führen wir ein Leben aus zweiter Hand. Und wie können wir entdecken, wer wir wirklich sind, wenn unsere Aufmerksamkeit immer nach außen gerichtet ist und unser Blick sich selten, falls überhaupt je, nach innen auf uns selbst richtet?

Die zweite Beobachtung Oshos war, dass der moderne Mensch ein Verdränger ist. Verdrängung ist der Prozess, durch den wir Erinnerungen an Situationen oder Erfahrungen, die wir schmerzhaft oder unerfreulich fanden, ins Unterbewusste verbannen. Wir versuchen, sie aus der bewussten Erinnerung zu löschen, indem wir sie unter den Teppich kehren und so tun, als seien sie niemals geschehen. In extremen Fällen, wie schrecklichem Missbrauch oder Kriegserlebnissen, ist das verständlich, aber langfristig ist eine emotionale Verkrüppelung die Folge. Wir haben die ungelösten Probleme und Konflikte vielleicht aus dem Blick und der Erinnerung verbannt, aber sie schwären unter der Oberfläche.

Was wir wirklich fühlen und denken, verdrängen wir aus vielerlei Gründen: um damit fertig zu werden, um gemocht zu werden, um dazuzugehören und in einigen Fällen, um zu überleben. Männer verdrängen Tränen, weil erwachsene Männer nicht weinen. Frauen verdrängen Wut, weil nette Mädchen nachgeben. Wir verdrängen schmerzhafte Erinnerungen, weil es weh tut, sich daran zu erinnern. Wir verdrängen unsere Sexualität aus Angst, dass wir anderen zu viel oder nicht gut genug sind. Ich wette darauf, dass die meisten Menschen kaum einen Tag hinter sich bringen, ohne etwas herunterzuschlucken, was sie besser ausspucken würden.

Was passiert, wenn wir irgendwelches Zeug herunterstopfen? Druck baut sich auf. Und was geschieht, wenn sich so viel Druck aufbaut, dass wir ihn nicht mehr zurückhalten können? Einige Menschen explodieren, schlagen um sich, andere werden krank.

Oshos dritte Beobachtung betraf die Energie. Wir benutzen nur einen sehr geringen Prozentsatz unseres Energiepotenzials – ein Punkt, dem jede Anti-Sportmuffel-Lobby eifrig zustimmen würde. Wir verfügen über enorme Energiereserven, wie jeder Sportler und jede Sportlerin weiß, und eine extreme Emotion setzt oft Energien frei, von denen wir nicht einmal wussten, dass wir sie haben.

Als ich einmal auf einer verlassenen Straße in Toronto bei Schneefall rückwärts fuhr, setzte ich meinen VW-Bus schräg in den Graben. Als ich ausstieg, um mir ein Bild von der Lage zu verschaffen, sah ich, dass ein Hinterrad noch auf der Straße stand, während das andere über dem Rand des Grabens hing und nirgends mehr Halt fand. Ich versuchte ein Manöver nach dem nächsten, aber der Bus rührte sich nicht von der Stelle. Dann wurde ich wütend: Ich kam zu spät zu einer Verabredung, und mir reichte es. Ohne zu zögern, ging ich auf die Rückseite des Wagens, stellte mich in den Graben und schob den Wagen mit einem einzigen energischen Ruck zurück auf die Straße. Als ich später etwas Ähnliches noch einmal probierte, gelang es mir nicht.

Wir haben Energiereserven, die wir erst nutzen, wenn eine Situation es verlangt, und erst dann erkennen wir das Ausmaß des Elans, zu dem wir imstande sind. Die dynamische Meditation ruft diese Reserven wach, weil ein erhöhtes Energieniveau nötig ist, um den festgefahrenen und plappernden Verstand zu überwinden.

Aufgrund dieser Beobachtungen, die heute ebenso gültig sind wie vor dreißig Jahren, entwickelte Osho seine dynamische Meditation – eine neue Technik für die Menschen von heute.

Die ersten beiden Phasen gehören zusammen. Die erste, das so genannte chaotische Atmen, soll die zweite in Gang setzen – die Katharsis, die emotionale Befreiung.

Wie Osho den Atem im ersten Stadium seiner dynamischen Meditation einsetzte, war entschieden unorthodox. Bei herkömmlichen Meditationstechniken wird das Atmen als Methode verwendet, um den Verstand zu beruhigen. Es kann auch als Sicherheitsventil dienen, beispielsweise wenn wir wütend sind und ein paarmal tief durchatmen, statt zu explodieren und uns umgehend zu entladen. Osho dagegen benutzte das Atmen als Auslöser, um verdrängte Emotionen an die Oberfläche zu bringen, wo sie in einer sicheren Umgebung als emotionaler Müll herausgelassen werden können.

Unsere Emotionen reiten auf dem Atem wie Surfer auf den Wellen, und der Atem verändert sich, während wir durch verschiedene emotionale Stadien gehen. Der Atem verändert sich mit allem, was wir fühlen, und umfasst eine ganze Skala – von kleinen Schnaubern der Verachtung zu ausgedehnten Seufzern der Resignation, vom Schnaufen der Entrüstung bis zum lautstarken Zornesausbruch, vom Luftschnappen bei Schmerzen bis zum Keuchen und Hecheln bei intensivem Sex.

Atemveränderungen kennzeichnen auch den Prozess der emotionalen Unterdrückung – wenn wir beispielsweise nach Atem ringen, weil wir eine Bemerkung unterdrücken oder in Zeiten von Stress flach und kurz einatmen. Bei der dynamischen Meditation kehrte Osho den Prozess um und benutzte tiefe, unregelmäßige, chaotische Atemzüge, um den Atem nach unten zu bringen und Probleme zu lösen, die wir vorher mit anderen Arten des Atmens verdrängt hatten. »Die chaotische Meditation, das chaotische Atmen holt all eure unterdrückte Wut, den Sex, die Gier, den Neid, den Hass heraus und bringt sie an die Oberfläche. Es ist ein großartiger Reinigungsprozess«, sagte er. Dieser Reinigungsprozess beginnt, wenn wir zur zweiten, kathartischen Phase übergehen.

Das Wort »Katharsis« kommt aus dem Griechischen und bedeutet: Reinigung, Läuterung. Aus therapeutischer Sicht ist Katharsis der Prozess, unterdrückte Gedanken, die mit einer vergangenen emotionalen Störung einhergegangen sind, zu eliminieren, indem man sie zu Bewusstsein bringt und ihnen erlaubt, sich auszudrücken.

Das entscheidende Wort hier lautet »ausdrücken«. Indem eine negative Emotion wiedererlebt und ausgedrückt wird, kann ihre negative Wirkung neutralisiert werden. Und wenn dieses Wiedererleben bewusst und im gegenwärtigen Augenblick geschieht, können wir uns von der emotionalen Last trennen, die wir jahrelang mit uns herumgeschleppt haben.

Der Gewinn, den Sie aus einer Sache ziehen, steht im direkten Verhältnis zu der Mühe, die Sie hineinstecken, und das gilt auch für die dynamische Meditation.

Kurz nachdem ich angefangen hatte, diese Technik anzuwenden, schickte Osho eine Gruppe von uns Westlern auf eine Farm mitten in Indien an einen derart abgelegenen Ort, dass das nächste Dorf, Saoli, nicht einmal auf der Landkarte verzeichnet war. Unser schwieriger Auftrag – dreißig Jahre vor den ersten Survival-Shows im Fernsehen – lautete, uns eine Unterkunft aus dem zu bauen, was wir vorfinden würden, und das war Bambus als Rahmen, Lehm für die Ziegel, Zuckerrohrblätter für das Dach, Schilf für die Wände und getrockneter Kuhmist als Fußboden. Was wir aßen, steht noch auf einem anderen Blatt.

Auf dem Weg dorthin suchten wir während eines Zwischenaufenthalts bei einer indischen Familie in Chandrapur nach einem Ort, um unsere tägliche Meditation durchzuführen. Da die Katharsisphase so laut ist, schlug die älteste Tochter vor, dass wir auf den alten Jain-Friedhof vor der Stadt gehen sollten. Die Wahrscheinlichkeit, dort jemanden zu stören oder von jemandem gestört zu werden, war gering. Als wir mit der Technik begannen, stoppte mich eine der Frauen aus unserer Gruppe mitten beim Atmen. »Schau mal«, sagte sie. »Wenn du so weiter atmest, wird nie was passieren.«

Ich war ein bisschen perplex. Ich dachte, dass ich es inzwischen ziemlich gut machte.

»Beobachte mich«, sagte sie.

Sie stellte sich breitbeinig und fest auf den Boden, locker in den Knien, die angewinkelten Arme eng an den Körper gelegt »wie ein Huhn mit angelegten Flügeln«, und riss ihre Ellbogen scharf nach oben bis auf Schulterhöhe. Sie atmete tief ein, dann stieß sie die Ellbogen mit mächtigem Schwung nach unten, und die Luft strömte mit einer solchen Kraft heraus, dass sie sich krümmte.

»Pumpen«, sagte sie. »Du musst die Luft hinauspumpen. Kümmere dich nicht ums Einatmen – die Natur füllt automatisch das Vakuum. Konzentriere dich einfach darauf, die Luft auszustoßen, tief und total. Als Erstes musst du die Atemtechnik aus dem Effeff beherrschen. Dann kommt das Tempo dazu. Schau zu.«

So etwas hatte ich noch nie gesehen. In Sekundenschnelle pumpte sie die Luft ein und aus, ein und aus, wie ein mit ungeheurer Geschwindigkeit ratternder, menschlicher Kolben. »So«, sagte sie nach einer Weile.

»Mach es so. Es dauert ungefähr eine Woche, die Geschwindigkeit zu erreichen. Und denk dran, nicht in einen Rhythmus zu verfallen, sondern chaotisch zu atmen. Dann geht wirklich etwas los.«

Sie sollte völlig Recht behalten.

Was in der zweiten Phase, der Katharsis geschieht, ist total subjektiv. Es hängt von Ihnen ab – von dem, was Sie verdrängt haben, und von aktuellen Problemen, all dem, was in Ihrem Leben los ist. In meinem Fall, und das war nicht verwunderlich, hatte die Mehrzahl der unterdrückten Emotionen, die an die Oberfläche kamen, mit Trauer und Verlassenwerden zu tun.

Einmal fing ich an zu atmen wie ein Besessener, angestachelt von einer Kombination aus Hunger, Hitze und allgemeiner Verzweiflung. Als wir in die Phase der Katharsis kamen, fiel mein Körper abrupt zu Boden, und ich schaute mir dabei zu, wie ich mit Beinen und Händen in der Luft strampelte, auf der Suche nach der Brust der Mutter, die nicht länger da war. Ich war wieder zwei Monate alt und heulte nach der Mutter, die fort war.

Als ich abends im Bett lag, begann ich zu husten. Und während ich unter dem Moskitonetz lag, hielt der Husten endlos an, Nacht für Nacht.

Intellektuell wusste ich, was geschah. Mein Vater hatte mir erzählt, dass ich nach dem Tod meiner Mutter schweren Keuchhusten bekommen hatte und er mich nächtelang auf dem Arm herumgetragen hatte, um mich zum Einschlafen zu bringen. Ich sah, wie das Weinen nach meiner Mutter, das so lange unbeantwortet geblieben war, sich in mich hineingefressen hatte und zu einer körperlichen Krankheit geworden war. Die dynamische Meditation hatte mich in diesen Zustand des Kleinkinds zurückversetzt, und jetzt erlebte ich ihn wieder.

Das nächtliche Husten hielt eine Zeit lang an, bis sich eines Tages in der zweiten Phase der dynamischen Meditation die Schleusen öffneten und ich anfing zu weinen. Und das war so ziemlich das Einzige, was während der nächsten zwei Jahre in diesen zehn Minuten passierte. »Ich hätte nichts tun können, um den Husten zum Stillstand zu bringen«, sagte mir Osho später, als wir nach Bombay zurückkehrten. »Es war ein tiefer See von Tränen im Inneren, und er musste geleert werden.«

Die dritte und vierte Phase der dynamischen Meditation sind ebenfalls miteinander verbunden. Die erhöhte Energie, die man erreicht, indem man zehn Minuten »Huh!« tief ins Sexzentrum hämmert, liefert die Kraft, uns jenseits des Verstandes in die Stille zu katapultieren, in das Reich des wirklichen authentischen Ichs.

Mein erstes intensives Meditationstraining in Indien war das letzte, das Osho persönlich leitete. Es wurde im Januar 1974 im Ballsaal eines Hotels in Mount Abu abgehalten, einer Bergstation im Staat Rajasthan. Dieser Auszug aus einer Art Tagebuch, das ich damals schrieb, beschreibt die dritte und vierte Phase der dynamischen Meditation so genau, wie ich dazu überhaupt in der Lage bin:

> »Huh! Huh!« rufen wir, während der Fußboden des Ballsaals unter unseren Füßen vibriert. Ich versuche, mit dem Ton den Punkt über dem Sexzentrum zu treffen, eine Stelle in meinem Bauch genau über den Genitalien. Ich experimentiere ein bisschen, bewege mein Becken nach hier

und nach da, bis ich ganz plötzlich den Punkt finde. Es gibt keinen Zweifel: Ich habe ins Schwarze getroffen. Und jetzt geht's los. Immer wieder und wieder: »Huh! Huh! Huh!« Ich kann spüren, wie die Energie steigt, höher und höher steigt, immer impulsiver, immer explosiver wird.

Dann ertönt von der Bühne (von Osho) ein einziges Kommando: »Stopp!« Und als wenn eine Drachenschnur plötzlich abgeschnitten worden wäre, ist plötzlich keine Bewegung mehr da, kein Geräusch, nichts. Im Innern läuft die Energie noch einige Sekunden lang nach oben, dann löst auch sie sich auf und verschwindet. Und dann ist da nur noch die Weite des Raums, und in diesem Raum ein Beobachten.

Es ist seltsam, dieses Gefühl von Raum, von Weite. Er ist gleichzeitig leer und voll. Der Körper ist verschwunden, weggeschmolzen, die Grenzen sind aufgelöst, der Verstand ein weit entfernter Denkmechanismus, auf den man sich einlassen oder den man einfach beobachten kann. Aber was höchst faszinierend, rätselhaft und unendlich geheimnisvoll ist, ist die Präsenz, die im Innern wächst. Ich kann fühlen, wie sie dort brennt, und ich weiß, ihr Wesen ist Licht.

Wenn der Verstand aufhört, und sei es auch nur für den Bruchteil einer Millisekunde, erleuchtet sie mich. Und etwas in mir weiß ohne den geringsten Zweifel, dass das die Präsenz ist, die Osho »den Zeugen« nennt, die Präsenz, die das wirkliche, authentische Ich ist.

Es ist eine seltsame Sache, dieses Leben, das uns gegeben worden ist. Es bietet uns die Chance, uns zu erinnern und zu erkennen, wer wir sind, und die Freiheit, es zu vergessen.

Das größte Abenteuer, das das Leben bieten kann, ist die Entdeckungsreise, die zu unserer Wirklichkeit führt. Und der größte Segen des Lebens ist, schließlich dem geheimnisvollen und majestätischen Wesen zu begegnen, das wir in Wirklichkeit sind.

8

In der Welt, aber nicht von ihr sein

Es begann mit Reality-Shows im Fernsehen, in denen ein Team von Malern und Inneneinrichtern bei einer bereitwilligen Familie einfiel, um in der Zeit, in der die Sendung lief, ein verwohntes Haus oder eine bedrückende Wohnung auf Vordermann zu bringen, ebenso mithilfe von ein oder zwei Gärtnern den verwilderten Garten.

Dann wurde es persönlich. Die *Fab Five** hielten Einzug in unsere Wohnzimmer und machten sich schnurstracks über den Kleiderschrank, die Hausapotheke und den Kühlschrank her. Eine Stunde später war er fertig: der total verwandelte Metrosexuelle, toll angezogen, gestylt, um jedes Frauenherz höher schlagen zu lassen, und imstande, aus dem Stand ein Gourmet-Essen zu zaubern und es in seiner eigenen, jetzt fabelhaft aussehenden Wohnung zu servieren. Damit erfüllte sich für irgendjemand der Traum, seine Mutter und Freunde zum Abend-

---

* Eine in den USA sehr beliebte Reality-TV-Serie mit einem Team von fünf Experten, die einen Kandidaten neu stylen und ihm helfen, einen lange gehegten Wunsch in die Tat umzusetzen.

essen einzuladen oder endlich den Mut aufzubringen, seiner geduldigen Verlobten einen Antrag zu machen.

Dann ging es noch mehr zur Sache. In Reality-Shows wie *Extreme Makeover* und Soaps mit demselben Thema unterzogen sich Frauen begeistert größeren medizinischen Eingriffen wie Brustvergrößerungen, Nasenkorrekturen, Gesichtslifting, Augenlidkorrekturen, Fettabsaugung am Bauch und anderswo, Haut- und Wangenimplantaten oder Keramik-Zahnverblendungen – damit sie sich selbst endlich mochten. Die Männer fingen an, es ihnen nachzumachen, und kombinierten die chirurgischen Eingriffe noch mit Behandlungen wie Haarimplantaten gegen Kahlköpfigkeit und Brustimplantaten, um fitter auszusehen.

Im Augenblick scheint zumindest im Fernsehen die Beliebtheit der Schönheitschirurgie nachzulassen. Eingriffe, die sich nicht unbedingt für die Hauptsendezeit eignen, sind im wirklichen Leben jedoch weiterhin erschreckend populär – Operationen zur Wiederherstellung des Jungfernhäutchens, Labioplastie, Verkleinerung der Klitorishaube und Penisvergrößerung –, aber das Fernsehen konzentriert sich zur Zeit vor allem auf Diäten und Gymnastikprogramme à la *Survivor,* die zeigen, dass es möglich ist, das eigene Aussehen zu verbessern, ohne sich unters Messer zu legen.Was ist da eigentlich los?

Zunächst einmal herrscht unter uns Menschen, selbst bei Kindern, eine alarmierend weit verbreitete Unsicherheit über das eigene Aussehen, darüber, was wir von uns selbst halten und was andere womöglich von uns halten – und wie sich diese physischen Faktoren unserer Meinung nach auf unsere Akzeptanz in der Gesellschaft auswirken oder wie sie eine viel versprechende Karriere behindern. Offensichtlich feiert der Feind in unserem Kopf mit »Deine Nase ist zu groß und deine Brust zu klein« ständig Triumphe.

Zweitens wird all die Aufmerksamkeit auf den einen Aspekt des Lebens gerichtet, den wir nicht aufhalten können: das Altern. Neben dem Tod und den Steuern rangiert das Altern hoch oben auf der Liste der unausweichlichen Gewissheiten des Lebens. Was ich sowohl schmerzlich als auch erbärmlich finde, ist, dass die ganze Mühe – zu fasten, um wieder in unsere Teeniehosen zu passen, oder das Gesicht wiederherstellen zu wollen, das wir hatten, bevor der Abwärtssog der Schwerkraft seine Spuren hinterließ – nichts weiter ist als der Versuch, das Unausweichliche aufzuschieben. Der Glaube, dass all das Liften und Straffen uns jünger aussehen lässt, ist bloß eine Vorstellung oder Illusion.

In Sydney gibt es einen Reichen-Vorort namens Double Bay, scherzhaft auch Double Pay genannt, in dem es genauso viele Face-Lifting-Institute wie teure Friseure und kostspielige Boutiquen gibt. Wenn Sie einen Nachmittag lang von einem Straßencafé aus die Passanten beobachten, sehen Sie eine alte Dame nach der anderen mit blondem, toupiertem Haar, starr vor Spray, das ein Gesicht umrahmt, in dem die empfindliche, durchsichtige Haut, die man mit 70 oder 80 Jahren hat, beinahe über die Grenzen der Elastizität hinaus gestrafft worden ist. Die Illusion mag bei weichem Licht sogar in gewissem Maße funktionieren, aber in dem grellen Licht der Mittagssonne von Sydney schlägt die Wirklichkeit zu.

Immer wenn ich in Double Bay bin und diese breite

Palette chirurgischen Einfallsreichtums vorgeführt bekomme, muss ich an eine Bekannte von mir, eine Französin, denken. Sie ist jetzt Mitte sechzig und wies neulich auf die Narben, die ihr auf der Höhe der Nasenflügel quer über beide Wangen laufen. »Ich habe mich vor Jahren einem kleinen Eingriff unterzogen, um einige kleine Faltensäcke unter den Augen entfernen zu lassen«, sagte sie. »Damals konnte man die Narben nicht sehen, aber schau dir an, wo sie jetzt sind. Es war nichts als dumme Eitelkeit, und ich wünschte, ich hätte die Finger davon gelassen und meinen Körper einfach auf natürliche und anmutige Weise alt werden lassen.«

Ich finde diese Fixierung auf die Jugend und diese Zwanghaftigkeit, mit der wir versuchen, die Zeit aufzuhalten, ungeheuer traurig. Tatsächlich ist der Körper der einzige Teil von uns Menschen, der sich nicht verwandeln lässt. Man kann ihn verändern oder reparieren, man kann ihn fit und gesund erhalten, aber man kann ihn nicht verwandeln. Nach jüngsten Forschungsergebnissen *kann* man seine Lebensdauer jedoch verlängern – nicht durch die Faktoren, die wir erwarten würden, wie Diät, Sport oder eine positive Einstellung, sondern durch Liebe.

Auf der Internationalen Konferenz über Altern und Langlebigkeit, die im März 2005 in Brisbane abgehalten wurde, zitierte ein Wissenschaftler jüngste Forschungen, die belegen, dass »Liebe in jeder Form die biologische Uhr verlangsamen kann«. Wie er ausführte, ist der Anteil von Gefäß- und Herzerkrankungen bei Männern, die von ihren Frauen geliebt werden, um 50 Prozent geringer, und indem er die höhere Lebenserwartung von

Frauen dem Umstand zuschrieb, dass »die hauptsächliche Arbeit von Frauen darin besteht zu lieben«, sagte er: »Wenn Liebe in Ihrem Leben ist, beeinflusst das die Naturgesetze und ... reduziert die Zeiterfahrung.«

Doch wie lange ein Körper auch leben mag, er bleibt den Naturgesetzen unterworfen. Wirklicher Wandel geschieht im Innern, in einem Reich, das vom Gesetz der Gnade regiert wird. Wie Osho in der *Philosophia Perennis* (deutsch: *Die Mysterienschule*) sagte:

> Äpfeln ist es egal, ob Newton das Gesetz der Schwerkraft entdeckt hat oder nicht. Die Äpfel fallen einfach herunter, ohne dass sie irgendeine Wissenschaft vom Fallen kennen.
>
> Und dasselbe gilt für das Gesetz der Gnade. Es gibt Menschen, die hinaufgefallen sind. Ein Buddha, ein Jesus, ein Pythagoras – diese Menschen sind hinaufgefallen. Sie *wissen*, dass etwas den Menschen hochzieht – wenn er es erlaubt. Wenn ihr einfach mühelos werdet, wenn ihr nichts tut, wenn ihr euch ergebt, wenn ihr vertraut, beginnt etwas, euch nach oben zu tragen, ihr fangt an zu levitieren – nicht physisch, sondern spirituell. Etwas in euch beginnt sich immer höher und höher zu schwingen, bis ihr den Gipfel des Bewusstseins erreicht. So wie der Apfel hinunterfällt, fangt ihr an hinaufzufallen ...
>
> Es gibt ein Gesetz des Hinauffallens. Und wenn ihr manchmal meditiert, tanzt und singt, werdet ihr es spüren: von etwas Höherem in Besitz genommen zu werden, von oben. Und ihr werdet zu einer höheren Fülle getragen, als ihr sie je zuvor gekannt habt. Das ist das Gesetz der Gnade oder das Gesetz der Macht.

Es ist schwer zu sagen, was nötig ist, um einen Menschen an den Punkt zu bringen, wo er oder sie schließlich die wirkliche Vergänglichkeit des Äußeren erkennt – angefangen von den Beziehungen, die wir mit anderen eingehen, bis hin zur Erhaltung des Körpers, der den Geist auf seiner Reise beherbergt, die wir das Leben nennen. Einen Großteil unserer Energie verschwenden wir darauf, Dinge anzusammeln, die wir nicht mitnehmen können – und damit meine ich nicht nur Geld und die Zutaten eines guten Lebens, sondern auch die Ideen, Missverständnisse und Selbsttäuschungen, auf die wir unser Leben gründen –, bis wir schließlich erkennen, was wir uns selbst antun.

Immer mehr Menschen kommen zu dem Schluss, dass dauerhafter Frieden und beständiges Glück tatsächlich Qualitäten sind, die man im Innern suchen und finden kann. Sie erkennen, dass diese ihrem Wesen nach die Begleiterscheinung innerer Arbeit und keine Wohlfühl-Dividende sind, die abfällt, wenn man sich nur auf das Materielle konzentriert. Die abnehmende Zahl der Kirchgänger weltweit weist meiner Ansicht nach darauf hin, dass immer mehr Menschen begreifen, dass die etablierte Religion ungeachtet ihrer Versprechen in puncto persönlicher Wandel wenig anzubieten hat. Man kann auf die Knie fallen und für persönlichen Frieden und Glück beten, bis man blau im Gesicht ist, und dennoch steckt man immer noch in demselben Leben fest und kämpft mit demselben alten Müll. Es ist Zeit, woanders zu schauen – und dieser Ort ist »innen«.

Wirklichen Wandel und einen inneren Raum zu schaffen, der die Gesetze der Gnade heraufbeschwört, ist mit harter Arbeit verbunden. Es ist Ihr Leben, das Sie verwandeln wollen. Und Sie sind der oder die Einzige, der oder die es tun kann.

Eines Abends nach dem Abendbrot saßen Verena und ich am Esstisch, als sie mich fragte: »Hast du je darüber nachgedacht, welche Schritte der Prozess der Wandlung umfasst?«

Über Bewusstheit zu sprechen ist eine meiner Lieblingsbeschäftigungen, und wir begannen, uns auf der Grundlage unserer eigenen persönlichen Erfahrungen über die verschiedenen Stadien zu unterhalten, die wir beide auf dem Weg der Wandlung durchlaufen hatten. Wir kamen auf sieben.

Einsicht (1)

Der erste Schritt der Wandlung besteht darin zu erkennen, dass etwas »nicht stimmt«, dass Sie vom Gang der Dinge in Ihrem Leben nicht allzu begeistert sind. Vielleicht sind Sie unzufrieden mit Ihrer Arbeit oder haben Schwierigkeiten in Beziehungen. Sie langweilen sich womöglich, sind niedergeschlagen, ärgerlich oder ängstlich. Vielleicht sind Sie unerträglich einsam oder von irgendeiner Substanz abhängig. Vielleicht leiden Sie an Panikattacken oder werden regelmäßig von einem Gefühl der Sinn- und Nutzlosigkeit von allem heimgesucht. Es gibt eine sehr lange Liste von Möglichkeiten – und sie alle, einzeln oder in einer Vielzahl von Kombinationen, können dazu führen, dass Sie sich schlecht fühlen.

Jeder Mensch ist anders, und das gilt auch für die Ausdrucksformen unserer inneren Verletzungen und Enttäuschungen, aber die meisten, die an diesem Punkt von existenzieller Angst ankommen, beginnen mehr oder weniger an derselben Stelle. Ich würde wetten, dass sie entweder in der Vergangenheit oder in der Zukunft leben – sie sind überall, nur nicht im Hier und Jetzt. Sie sind Sklaven von Konditionierungen, geborgten Überzeugungen und Ideen anderer Menschen, ganz davon abgesehen, dass sie sich durch und durch entmutigt fühlen und von irgendetwas besessen sind – Geld, Macht, Sex, Arbeit, Saufen, Sport, Drogen –, das ihnen hilft, sich nicht damit konfrontieren zu müssen, wie sie sich entwickelt haben und was aus ihnen geworden ist.

Im vierten Kapitel dieses Buches habe ich beschrieben, wie ich einem von meinem Vater übernommenen Lebensplan gefolgt und einer Liste von Dingen hinterher gejagt bin, die es zu erlangen galt, bevor man glücklich sein konnte. Der Augenblick der Einsicht, dass ich etwas ändern musste, kam bei mir, als ich jedes Ziel auf dem Plan abgehakt hatte und sich weit und breit keine Erfüllung zeigte.

Instinktiv wusste ich, dass eine Veränderung der Außenwelt nur eins bewirken würde: eine äußere Veränderung. Ich hatte mein Leben lang das Äußere verändert, und wohin hatte es mich geführt? Auf der Universität war ich nicht glücklich gewesen, also strebte ich in die große, weite Welt. Ich war mit meiner ersten Berufswahl, dem Theater, nicht zufrieden gewesen, also ging ich in die Werbung und später dann zum Fernsehen und in die Öffentlichkeitsarbeit. Ob Job oder Beziehung, Zeitvertreib oder Lebensstil: Mein Muster bestand darin, ganz einzutauchen, die Erfahrung intensiv auszukosten und sobald sich auch nur die geringste Spur von Langeweile oder Unzufriedenheit zeigte, eine weitere Veränderung im Äußeren vorzunehmen.

Ich begriff auch, dass ich kein Opfer war: Die Verantwortung für das, was aus meinem Leben geworden war, lag bei mir und allein bei mir. Die Tiefschläge, die ich eingesteckt hatte, hatten mich bereits gelehrt, dass die Situationen, in die wir geraten, nicht isoliert auftauchen und jedes äußere Ereignis mit einem inneren Problem verknüpft ist, das früher oder später einer Lösung bedarf.

Ich war beispielsweise jahrelang ein großer Schuldzuweiser, aber schließlich begriff ich, dass ich einfach nur meine Kraft vertat, wenn ich einer Person oder einem Ereignis im Äußeren die Schuld gab, statt meine Kraft auf das zu konzentrieren, wo ich etwas verändern konnte – nämlich in meinem Innern. Und auch wenn das Problem nicht immer unmittelbar sichtbar war, stellte ich fest, dass es sich offenbarte, wenn ich tief genug grub. Mit anderen Worten: Der Weg zur Wandlung liegt nicht draußen, in Beschuldigung, Selbstmitleid oder Ärger, der Weg zur Wandlung liegt im »Innern«.

Ich kenne einen wunderbaren Mann, der wie die meisten Menschen in der Kindheit verwundet wurde, wenn auch unbeabsichtigt. Sein fundamentales Problem besteht ebenso wie das meine im Verlassenwerden, und durch die Art, wie er sein Leben führt, wird seine Wunde immer wieder aufgerissen. Das wird so lange weitergehen, bis er zu guter Letzt erkennt, dass er sich mit dem Problem direkt auseinander setzen muss, indem er sich nach innen wendet, und dass er der Einzige ist, der es tun kann.

Meiner Erfahrung nach löst sich das Problem, in der Kindheit verlassen worden zu sein, mit der Einsicht, dass wir allein geboren werden und allein sterben und dass in der Zwischenzeit jeder von uns selbst in den engsten und vertrautesten Beziehungen letztendlich allein ist. Alleinsein ist unser Wesen. Paradoxerweise war es das Erkennen dieser Wahrheit, das mir zu der ersten Beziehung verhalf, die darauf gründete, das zu teilen, was ich war und anzubieten hatte, statt darauf, einen Menschen zu finden, der mir das geben würde, was ich brauchte, um mich selbst zu mögen.

Bei dem augenblicklichen Drama meines Freundes geht es um das schmerzhafte Ende einer Beziehung, in die er, wie er sagt, alles investiert hat. Er ist verletzt und zornig und steckt voller Bitterkeit und Anklagen. Es ist zweifellos noch nicht an der Zeit, ihm zu sagen, dass nach meiner Ansicht das Anschauen und Akzeptieren seines essenziellen Alleinseins der Weg ist, sein Verlassenheitsmuster aufzulösen. Es ist auch noch nicht an der Zeit, mit ihm über Meditation zu sprechen. Er muss erst seine Krücken fallen lassen und lernen, auf eigenen Beinen zu stehen.

Im Augenblick ist das Trinken die Krücke seiner Wahl, und eine Zeit lang bekam ich jeden Morgen einen Anruf, in dem er sich selbst geißelte und beschrieb, was er unter dem Einfluss von Alkohol am Abend vorher angestellt hatte – wie etwa, dass er die Frau, die er für sein Elend verantwortlich macht, mehrfach mit Anrufen belästigt oder nachts unter ihrem Schlafzimmerfenster gestanden und Obszönitäten und Beschimpfungen gebrüllt hatte.

Als ersten Schritt, um die Zügel in seinem Leben wieder in die Hand zu bekommen, empfahl ich ihm eine Therapiegruppe, in der er seine Wut in einer kontrollierten Umgebung ausdrücken kann und professionelle Hilfestellung erhält, um seine alten emotionalen Probleme zu erkennen und zu lernen, an ihrer Lösung zu arbeiten. Für den Anfang jedoch legte ich ihm eindringlich ans Herz, keinen Wein mehr zu trinken, zumindest so lange, bis er den Punkt erreicht hatte, an dem das Weintrinken keine Flucht mehr war und er zwei oder drei Gläser beim Abendessen genießen und es dann dabei belassen konnte.

Als er am nächsten Tag anrief, fragte ich ihn, ob er etwas getrunken habe.

»Nicht wirklich«, antwortete er.

»Was heißt das?«, fragte ich.

»Nur eine Flasche Weißwein am Nachmittag«, erwiderte er.

Danach gab es nicht mehr viel zu sagen.

Sein jüngster Anruf freute mich. Er teilte mir mit, dass er sich fest entschlossen habe, das Trinken aufzugeben. Er habe erkannt, dass der Alkohol ihm im Augenblick keinen guten Dienst erweist und dass er aufhören muss, zur Flasche zu greifen, wenn sich etwas in seinem Leben ändern soll.

Das ist es, worum es auf dem Weg der Wandlung im Stadium der Einsicht geht.

Eingeständnis

Das Eingeständnis, dass wir Hilfe brauchen, fällt uns nicht besonders leicht, insbesondere uns selbst gegenüber nicht. Es verletzt das Ego, weil wir zugeben, dass wir nicht die starke, unabhängige und einfallsreiche Person sind, für die wir uns immer gehalten haben. Es verletzt das Ego, wenn es gezwungen ist, zuzugeben, dass wir allem Anschein zum Trotz nicht alles im Griff haben und Hilfe brauchen. Und was das Ego sogar noch mehr verletzt, ist, dass es um sie bitten muss.

Aber nur wenn Sie anfangen, zu bitten und zu fragen, kommen Antworten. Wie tief greifend das Leben Sie unterstützen wird, steht in direktem Verhältnis zur Intensität Ihrer Bitten. Ich habe es immer wieder beobachtet. Wenn jemand sich ernsthaft auf den Weg der inneren Wandlung macht, wird das Gesetz der Synchronizität in Gang gesetzt. Sie werden plötzlich am rechten Ort zur rechten Zeit sein. Sie werden feststellen, dass die richtigen Menschen in Ihrem Leben auftauchen, wenn sie gebraucht werden. Sie werden plötzlich Antworten auf Fragen bekommen, die Sie kaum angefangen haben zu formulieren. Sie werden neue Einsichten erhalten und sich vor neue Wachstumschancen gestellt sehen.

Sie werden bei diesem Prozess feststellen, dass das Leben Sie auf unerklärliche Weise an die Hand genommen hat – einfach nur, weil Sie den Mut und die Ehrlichkeit aufgebracht haben, zuzugeben, dass Sie Hilfe brauchen und es nicht allein können.

In der Bergpredigt sagt Jesus (Matthäus 7,7):

> Bittet, so wird euch gegeben; suchet, so werdet ihr finden; klopfet an, so wird euch aufgetan. Denn wer da bittet, der empfängt; wer da sucht, der findet; und wer anklopft, dem wird aufgetan.

Darauf können Sie vertrauen.

Offenheit

Offenheit und Empfänglichkeit bilden eine entscheidende Sprosse auf der Leiter der Wandlung. Geduld ist der feste Boden, auf dem Ihre Leiter stehen muss. Die Existenz hat ihre eigenen Zeitbegriffe, und wenn man Fragen stellt, ist es nicht nur wichtig, dem Leben Zeit zur Antwort zu lassen, sondern auch für die Art und Weise offen zu sein, auf die die Antworten kommen.

So wie sie ihre eigene Zeit haben, können sich Antworten auf Ihre tiefsten Fragen auch auf die unerwartetsten und mysteriösesten Weisen materialisieren. Ich kenne einige faszinierende Beispiele dafür, wie Suchende Osho gefunden haben. Höchstwahrscheinlich können die Schüler anderer Gurus – von Ramana Maharshi und Papaji über Ramakrishna, Krishnamurti bis hin zu Gurdjieff – ähnliche Dinge berichten, aber die Osho-Geschichten kenne ich am besten. Im dritten Kapitel habe ich erwähnt, wie ein Buch mit Oshos Vorträgen vom obersten Bord eines Regals einer New Yorker Buchhandlung fiel, wo eine Freundin von mir in den Büchern blätterte. Sie stellte es wieder an seinen Platz, es fiel nochmals herunter und direkt auf ihren Kopf. Das saß!

Ich erinnere mich auch an die Geschichte einer Afrikanerin, die vor vielen Jahren mit einem Diplomaten aus dem Senegal verheiratet war. Eines Nachts träumte sie, dass sie an einem riesigen Feuer saß. Auf der anderen Seite stand ein Mann, den sie nie zuvor gesehen hatte, und winkte ihr zu, durch die Flammen zu ihm zu kommen. »Erst hatte ich Angst, zu verbrennen, aber dann nahm ich meinen ganzen Mut zusammen und trat ins Feuer«, sagte sie. »Es tat weh, als ich ins Feuer ging, aber der Mann lächelte mich unablässig an und ermutigte mich, weiterzugehen. Ich erinnere mich an das Gefühl der Freude und Erleichterung, als ich auf der anderen Seite herauskam. Dann wachte ich auf.«

Als sie sich Jahre später nach dem Ende ihrer Ehe in London aufhielt, kam für sie der Augenblick der Einsicht und des Eingeständnisses. »Ich hatte von Meditations- und Therapiegruppen in einem Zentrum in Oak Village gehört und entschloss mich, mir das näher anzuschauen«, sagte sie. »Als ich bei der Adresse ankam und die Tür aufmachte, führte eine lange Treppe hoch in den zweiten Stock. Und dort auf dem obersten Treppenabsatz hing ein riesiges Bild von dem Mann in meinem Traum. Es war Osho. Ich hatte genau dasselbe Gefühl der Freude und Erleichterung wie im Traum.«

Nicht nur spirituelle Meister finden ihre Schüler auf seltsame und unerklärliche Weise. Hier ist ein Beispiel aus meinem eigenen Leben, wie auf dem Weg der Wandlung Antworten kommen können.

In Kapitel 5 sprach ich davon, dass ich die Einsamkeit, die unser essenzieller Zustand ist, integriert hatte – und von meiner Bereitwilligkeit, zum ersten Mal eine Beziehung auf der Basis des Miteinanderteilens statt der Bedürftigkeit einzugehen.

Damals – 1992 – gab es eine längere ökonomische Flaute in Australien, und da sich die Kürzung von Firmenbudgets tendenziell sofort in Dienstleistungssektoren, wie dem freiberuflichen Schreiben, bemerkbar macht, entschied ich mich, die Flaute zu nutzen und das nächste halbe Jahr im Ashram in Indien zuzubringen. Osho war 1990 gestorben, aber damals gab es dort immer noch eine sehr aktive Szene. Im Hinterkopf hegte ich, wie ich zugeben muss, die Hoffnung, dass ich dort vielleicht dieses Mal »sie« finden würde. Ich spürte, dass jemand in den Kulissen meines Lebens auf mich wartete, aber hatte keine Ahnung, wann oder wo sie sich materialisieren oder ob ich sie überhaupt je finden würde.

Ein paar Tage nach meiner Ankunft in Poona – es war an meinem Geburtstag – kam Lena, eine Freundin, auf mich zu und erzählte mir, dass sie mit Sarita, einer Therapeutin, die ich seit Jahren kannte, an einem Farbpunktur-Training* arbeitete und sie aufgrund meiner sprachlichen Gewandtheit meinten, ich würde ein gutes Beispiel für andere abgeben. Ob ich teilnehmen wollte? Ich wollte.

Etwa eine Woche nach Abschluss des zehntägigen

---

* Farbpunktur ist eine revolutionäre Lichtmedizin, die von dem deutschen Wissenschaftler und Heilpraktiker Peter Mandel entwickelt wurde. Indem man Akupunkturpunkte (und andere Punkte) auf der Haut mit farbigem Licht bestrahlt, werden mächtige Heilimpulse in unserem physischen und energetischen Körper in Gang gesetzt. In meinem ersten Buch *Mit Licht und Farben heilen* erzähle ich die Geschichte von Peter Mandel und der Farbpunktur.

Trainings ging ich eine Straße hinter dem Ashram entlang, als ich Sarjano, einem italienischen Fotografen, in die Arme lief. »Komm mit«, lud er mich ein. Ich fragte, wohin er gehe, aber als Scherzbold, der er war, weigerte er sich, es mir zu sagen. »Gib einfach auf«, sagte er. »Komm mit.«

Schließlich ließ er sich erweichen und erklärte mir, dass er unterwegs war, um Peter Mandel zu fotografieren, den Begründer der Farbpunktur, der einen Besuch im Ashram machte. »Ich kenne ihn nicht einmal«, sagte ich. »Macht nichts«, beharrte er. »Komm mit.« Also ging ich mit.

Peter Mandel sprach kein Englisch und ich kein Deutsch, aber zwischen uns bestand sofort eine Beziehung. Als ich da saß, während er fotografiert wurde, entstand in mir das Gefühl, dass ich ein Buch über ihn und seine neue Lichtmedizin schreiben sollte. Das Gefühl war so stark und beharrlich, dass ich schließlich die Deutsche, die für ihn übersetzte, bat: »Sag ihm, dass ich ein Buch über ihn schreiben möchte.« Nach einer halben Stunde war ich wieder draußen, hatte vereinbart, nach Europa zu reisen, und zugestimmt, ein Buch zu schreiben.

Etwas erschüttert und erstaunt über das, was gerade geschehen war, wanderte ich durch den Ashram und sah auf einer Veranda Lena sitzen, die sich mit einer Schweizerin unterhielt, die ich vom Farbpunktur-Training her kannte.

»Lena, stell dir vor, was gerade passiert ist«, fing ich an. Als ich begann, mein Zusammentreffen mit Peter Mandel zu schildern, stellte ich fest, dass ich überhaupt nicht zu Lena sprach, sondern zu der Frau neben ihr. Und dann erkannte ich innerlich blitzartig, dass das endlich »sie« war!

Später trafen wir uns, und ich lud sie zum Essen ein. Wir unterhielten uns bis vier Uhr morgens, und am nächsten Tag zog Verena bei mir ein. Wir wohnten 18 Monate in der Schweiz, heirateten dort, und dann zogen wir nach Australien, wo wir jetzt leben.

Bleiben Sie offen und vertrauen Sie der Magie. Sobald Sie anfangen, den Weg zu gehen, arbeitet das Leben auf unergründliche und unerklärliche Weise mit.

Sicheinlassen

Sicheinlassen ist wesentlich, um ein Ziel erfolgreich zu erreichen. Der Feind in Ihrem Kopf – ja, das gesamte Konstrukt, das Ihr Gefühl des Selbst bildet, darunter auch Ihre Glaubenssysteme und die Vorstellungen, die Ihr Leben regieren – ist während des Wandlungsprozesses massiv bedroht. Der Feind in Ihrem Kopf wird Sie auf jedem Zentimeter Ihres Wegs bekämpfen; sein Überleben selbst steht auf dem Spiel. Aber wenn Sie dem vertrauen, was Sie tun, wenn Sie Vertrauen zu dem Entschluss haben, Ihr Leben zu verändern, dann bleiben Sie dabei und geben Sie nicht auf, besonders wenn es ungemütlich wird.

Der »Haftfaktor« oder die Beharrlichkeit ist eine entscheidende Komponente des Sicheinlassens. Nichts wird je fertig, wenn Sie keine Beharrlichkeit haben, wenn Sie es nicht bis zu Ende führen. Während meiner Jahre in Indien traf ich Dutzende von Menschen, die ich als »spirituelle Touristen« bezeichnen würde, Leute, die von einem Guru und einer Therapiegruppe zur nächsten reisen, von allem ein wenig nippen und dann mit der Klage weiterziehen: »Das funktioniert nicht.«

Wie können sie das wissen? Sie haben sich nie darauf eingelassen, eine Methode gründlichst zu prüfen. Tourismus hat damit zu tun, einen Besuch zu machen, ein wenig zu nippen und die Oberfläche kennen zu lernen; Tourismus hat nichts damit zu tun, in die Tiefen vorzustoßen.

Ich habe einmal einen Winter in Montreal auf den Hügeln des Mount-Royal in einem Art-Déco-Palast zugebracht, der schließlich von der Familie des verstorbenen kanadischen Premierministers Pierre Trudeau erworben wurde und vermutlich immer noch in ihrem Besitz ist. Jack, der Mann, der das Haus zu jener Zeit bewohnte, war oft geschäftlich auf Reisen und wusste, dass ich nach Indien zurückkehren wollte. Er bat mich und einen Freund, dort mietfrei zu wohnen – in einem im unteren Stockwerk gelegenen Appartement, das der ursprüngliche Besitzer für seine Geliebte hatte bauen lassen – und während seiner Abwesenheit ein Auge darauf zu werfen, dass der alte Heizkessel nicht explodierte.

Mein Freund und ich machten jeden Tag die dynamische Meditation und brachten sie Jack bei. An den Tagen, an denen er zu Hause war, drang morgens aus seiner Wohnung im oberen Stock die Meditationsmusik und sein Atmen an unser Ohr, während er in der Phase der Katharsis Huh, Huh schrie. Er liebte die dynamische Meditation. Er sagte, er fühle sich danach wunderbar.

Plötzlich trat eines Morgens mitten im Huh eine abrupte Stille ein, und kurz darauf stand Jack an unserer

Tür. »Diese Meditation ist furchtbar«, knurrte er. »Das war das letzte Mal.«

Ich musste beträchtlich bohren, bis ich schließlich eine Antwort erhielt. Beim Huh war Jack allem Anschein nach auf eine Schicht von tiefem emotionalem Schmerz und Negativität gestoßen. Und das, so entschied er, war ein Ort, an den er sich nie wieder begeben wollte.

Sich auf den Prozess der inneren Wandlung einzulassen bedeutet die Bereitwilligkeit, durch Auf und Ab, durch Höhen und Tiefen hindurchzugehen, ohne sich in dem einen oder anderen Extrem zu verlieren. Es bedeutet, den inneren Mut aufzubringen, sich den eigenen Dämonen zu stellen, ohne zu versuchen, dem Schmerz auszuweichen. Es bedeutet, sich mit den Verletzungen, dem Kummer und den Enttäuschungen des Lebens aufrichtig und mutig zu konfrontieren, ohne zu den Flucht- und Vermeidungsstrategien zu greifen, die für Sie in der Vergangenheit funktioniert haben.

Als jemand sich über den steinigen Weg der inneren Wandlung beklagte, antwortete Osho: »Ich habe nie gesagt, dass es leicht ist.«

Anerkennung

Für mich persönlich bestand eines der überraschendsten und verwirrendsten Stadien auf dem Weg der Wandlung darin, anzuerkennen, dass etwas mit mir geschehen war: Irgendein verborgener Aspekt der Wahrheit oder Wirklichkeit war nicht mehr nur ein äußeres Konzept, sondern zu meiner eigenen Erfahrung geworden und »gehörte« jetzt zu mir. Als das zum ersten Mal geschah, kam die innere Verwirrung völlig unerwartet. Ich hatte meinen Guru so lange von Erleuchtung reden hören, davon, zu erkennen, wer wir wirklich sind, dass ich vermutlich kaum glauben konnte, dass sie schließlich stattgefunden hatte.

Als er an dem betreffenden Morgen wieder davon sprach, dass wir nicht der Verstand oder der Körper, sondern das Zeugenbewusstsein sind, und mir plötzlich der Gedanke kam: »Das habe ich erlebt« – versetzte mir diese Erkenntnis einen Schock. Der Feind in meinem Kopf schritt sofort zur Schadensbegrenzung, indem er mir sagte, ich sei arrogant und angeberisch, aber ich beachtete ihn nicht. Ich saß im Vortragssaal, richtete den Laserstrahl meines Bewusstseins nach innen und schaute so tief und ehrlich, wie ich konnte. Es stimmte. Ich wusste *tatsächlich* aus eigener Erfahrung, dass die innere Präsenz, die Osho das Zeugenbewusstsein nannte, das war, was ich bin. Ich fühlte sie stark und beständig in mir, die Flamme des Bewusstseins, die im Innern leuchtet.

Der Tag, an dem ich das zum ersten Mal anerkannte, bildete einen Meilenstein für mich. Er markierte ein ganz neues Stadium in meinem Wachstumsprozess. Wie wenn aus dem Winter Frühling wird, wechselte ich mit einem neuen Gefühl der Reife von einer spirituellen Jahreszeit in die nächste. Ich war imstande, anzuerkennen, was ich durch meine eigene harte Arbeit erreicht hatte, und weiterzugehen – meine Energien frei zu machen, um sie auf andere Bereiche zu richten, die noch der Aufmerksamkeit bedurften.

Einsicht (2)

Mit diesem zweiten Stadium der Einsicht beginnt sich der Kreis zu schließen. Jetzt können wir, aufbauend auf dem Vorhergegangenen, als eigene Erfahrung anerkennen, dass der Geist unsere Wirklichkeit ist, dass die Ketten, die uns gefangen gehalten haben, samt und sonders illusorisch waren und dass wir immer frei gewesen sind. Wir beginnen, das Leben eines Menschen zu leben, der eine Schwelle überschritten hat, der verwandelt ist.

Es ist ein seltsamer und rätselhafter Vorgang, diese Alchimie der Wandlung, und einer, der voller Widersprüche steckt, denn von der anderen Seite sieht alles anders aus. Im Zen gibt es den berühmten Spruch:

> Bevor wir Zen studieren, sind Berge Berge und Flüsse sind Flüsse. Während wir Zen studieren, sind die Berge keine Berge und die Flüsse keine Flüsse mehr. Doch wenn unser Zen-Studium vollendet ist, sind die Berge wieder Berge, und die Flüsse wieder Flüsse.

Wenn Sie den Grundstein für Ihre innere Wandlung legen, müssen Sie beispielsweise erst mit Ihrem essenziellen Alleinsein fertig werden und es in sich integrieren. In der Welt der Materie ist es eine Tatsache, dass wir allein geboren werden und allein sterben. Aber von der anderen Seite, der Welt der Transzendenz aus, erkennen Sie, dass Sie nicht wirklich allein sind, weil Sie endlich verstanden haben, dass es keine Trennung gibt und alles, was existiert, eins ist. Es ist außerordentlich schwierig, das in Worten auszudrücken. Am besten gelang es dem Sufi-Mystiker und Dichter Dschelaleddin Rumi. Als er das schilderte, was er das *Offene Geheimnis* nannte, schrieb er:

Wir glauben, wir seien verloren
und müssten den Weg nach Hause finden.
Wir sind nicht verloren, nicht allein.
Wir sind nicht einmal fortgegangen.

Wir vergeuden unsere ganze Kraft,
um Pläne zu ersinnen und sie auszuführen,
damit wir die werden, die wir längst sind.

Transzendenz

Transzendenz ist das Sahnehäubchen auf dem Kaffee des Lebens. Sie ist die Krönung des inneren Wandels. Sie bedeutet in der Welt sein, aber nicht von ihr sein. Sie bedeutet in der Tat, in der besten von beiden Welten zu leben.

Was beinhaltet dieser Prozess der Transzendenz? »Transzendenz« war ein Wort, dass ich immer mit Kirche und Religion in Verbindung brachte, mit Entsagen – mit katholischen Nonnen und Priestern, die der Sexualität entsagen, mit Hindu-Asketen, die Haus und Familie entsagen, und mit buddhistischen Mönchen, die der materiellen Welt entsagen, um mit dem zu überleben, was ihnen barmherzige Mitbürger täglich in ihre Bettelschalen tun.

Ist das Transzendenz? In vielen Fällen zweifellos. Aber in anderen Fällen ist es vermutlich nur eine weitere Täuschung. Der Priester, der mit kleinen Jungen schmust, hat offensichtlich seine Sexualität nicht überwunden, er hat sie unterdrückt. Die Nonne, die ihre Schülerinnen züchtigt, hat den Zorn nicht überwunden; sie hat ihn einfach nur verborgen, sodass er gewaltsam aus ihr herausbricht, sobald man sie reizt. Viele Menschen, die den größten Teil ihres Lebens in Gemeinschaftseinrichtungen verbringen – von Klöstern und Kommunen bis hin zu Ashrams und Akademien –, sind nicht dort, weil sie die Welt überwunden haben. Wahrscheinlich verstecken sie sich eher vor der Welt, weil sie Angst haben, dass sie in ihr nicht zurechtkommen.

Mein Verständnis von Transzendenz ist, dass sie nur geschehen kann, wenn man etwas voll und ganz erlebt hat. Wenn man etwas nicht total durchlebt hat, wird unsere Erfahrung immer unvollständig sein. Und so sicher wie das Amen in der Kirche kommen halbfertige Dinge unausweichlich zurück, um uns zu verfolgen.

Kürzlich saß ich an einem Sonntagnachmittag allein am Esstisch, als mir Verenas Osho-Zen-Tarotkarten ins Auge fielen und ich mich entschied, sie zu befragen. Ich mischte sie, wählte fünf Karten und legte sie aus. Die mittlere Karte steht für die Angelegenheit, um die es geht. In dieser Position zog ich den Traum – die sechs Kelche in den Crowley-Karten. Die Karte zeigt eine junge Frau, die wehmütig zu einer wolkenartigen Vision aufblickt, die ihren Traum darstellt. Der Kommentar beginnt mit den Worten: »An einem verzauberten Abend wirst du deinen Seelenpartner treffen …«

»Welches Problem habe ich mit dem Traum der Beziehung?«, fragte ich mich, während ich die Karte betrachtete. Und dann fiel der Groschen: Ich erkannte, dass auch ich einst diesen Traum gehabt hatte, aber er war vorbei.

Jetzt war ich ihm entwachsen. Ich sah, dass das Thema »Beziehung« für mich abgeschlossen ist. Kein Aspekt bleibt mehr ungelebt, keine Ecke unerforscht. Ich begriff, dass ich komplett durch Beziehungen hindurchgegangen war, mit jeder Faser meines Seins und dem ganzen Gewicht des Sicheinlassens, das ich aufbringen konnte, und nun ist das Abenteuer vorbei.

Jetzt bewegen Verena – denn sie ist am selben Punkt angelangt – und ich uns auf etwas Neues zu. Und dieses »Neue« ist eine Art des Sichaufeinanderbeziehens, nicht der Beziehung, ein Raum, in dem zwei »Wesen, die ihr Alleinsein angenommen haben«, einander begegnen, miteinander spielen und sich mit einer Liebe und Herzensfülle begegnen können, die offen, unterstützend, großzügig und frei von Bedürftigkeit ist. Die Woge der Freiheit und das Gefühl der Dankbarkeit, die mich an diesem Sonntagnachmittag überkamen, waren greifbar. Ich fühlte mich erhoben, urplötzlich hoch über die Dualität von Mann und Frau hinausgehoben, getragen von einer Woge der Liebe und emporgehoben vom Gesetz der Gnade.

Das verstehe ich unter Transzendenz. Es ist ein Sicherheben und Aufsteigen. In wahrer Transzendenz gibt es weder Verleugnung noch Unterdrückung. Alles wird willkommen geheißen, aber es gibt keine Angelhaken mehr, an denen wir uns verfangen, die uns niederziehen und uns erdgebunden halten.

Transzendenz heißt, in der Welt sein, aber nicht von ihr sein. In der Welt sein, aber nicht von ihr sein bedeutet, voll und ganz Mensch zu werden auf eine Weise, die alles einschließt. Es bedeutet, auf eine Art zu leben, in der wir alles anerkennen und akzeptieren, nichts zurückweisen oder verleugnen, in der das Leben ist, was es ist. Es ist überdies eine sehr positive Welt. Für mich ist das Glas immer halb voll.

Wir leben in der Welt, ohne von ihr zu sein, wenn die Welt uns nicht länger diktiert, was wir zu denken haben, oder bestimmt, wie wir unser Leben leben sollen. Wir respektieren die zweckmäßigen Vorschriften, die dafür sorgen, dass die Gesellschaft reibungslos funktioniert, wie Privateigentum, Uhren, Ampeln und Fahrpläne, aber wir schenken weder den Einflüsterungen der Kirche noch des Staates unsere Macht und unser Vertrauen – den persönlichen Interessen derer, die versuchen, uns zu kontrollieren und sich durch Lügen, Manipulation und Angst zu bereichern. Es geht nicht darum, der Welt zu entsagen, es geht darum, so in der Welt zu leben, wie sie ist, aber nicht von ihr zu sein, wie die Lotusblume, deren Wurzeln im Schlamm liegen, aber deren Blüte sich unbefleckt hoch über den Schlamm und das Wasser erhebt.

Schwieriger ist es, unsere Aufmerksamkeit nach innen zu richten, dorthin, wo »die Welt« ihre subtilste Macht über uns ausübt: auf Probleme wie geborgte Überzeugungen, übernommene Vorstellungen, elterliche Prägungen, die Illusion der Sicherheit und darauf, wie die Wortführer der Gesellschaft uns ständig zum Konformismus zwingen wollen.

Nehmen Sie den Feind in Ihrem Kopf als Beispiel. Der Feind in Ihrem Kopf fängt genauso an – als Feind. Wenn Sie ihm zum ersten Mal begegnen, ist es offensichtlich, dass er darauf aus ist, gegen Sie zu arbeiten, und dass er alles Notwendige tun wird, um die Oberhand zu behalten. Aber langsam beginnen Sie mithilfe der Bewusstheit, die durch regelmäßige Meditation beträchtlich gesteigert werden kann, die Komponenten zu verstehen und zu isolieren, aus denen dieses fiktionale Konstrukt besteht. Ich spreche von den Stimmen von Mama und Papa und den anderen Autoritätsfiguren, die Ihnen in den prägenden Jahren Ihres Lebens gesagt haben, was Sie denken und wie Sie sein müssen. Die meisten von uns hören sogar noch als Erwachsene auf diese Stimmen.

Unsere Feinde sind unsere wertvollsten Lehrer, heißt es im Buddhismus. Das gilt zweifellos auch für den Feind in unserem Kopf. Während des Prozesses der Neutralisierung – wenn der Verstand wieder seinen rechtmäßigen Platz als Diener einnimmt und das Selbst die Herrschaft im eigenen Hause übernimmt – lernte ich mehr über mich als bei jeder anderen Übung. In dem Lügenmärchen, das dieser Feind ist, sind die Schlüssel enthalten, um zu den Ursprüngen unserer Meinungen und Urteile, Glaubenshaltungen und Überzeugungen, Ängste und Eigenheiten, Hoffnungen und Befürchtungen Zugang zu finden – zu jedem Aspekt von uns, der uns von außen aufgepfropft wurde und nicht unserem eigentlichen Ich entspricht. Mit jedem Schlüssel können Sie eine der Türen öffnen. Und dann werden sich die Illusionen, die hinter dieser Tür lauern, im Licht der Bewusstheit in nichts auflösen.

Eine der Türen, die Menschen auf dem spirituellen Weg dringend öffnen müssen, damit das, was dahinter liegt, dem Sonnenlicht und der frischen Luft ausgesetzt werden kann, ist die Tür, auf der »Erleuchtung« steht. Erleuchtung ist die Karotte, mit der Suchende Jahrhunderte lang gelockt wurden, wie Windhunde, die einen ausgestopften Hasen im Kreis jagen.

Ich sage nicht, dass Erleuchtung eine Fantasie ist. Ich bin sicher, dass ich ihr begegnet bin. Als ich las, was Rumi sagte, als er zum ersten Mal Schams von Tabriz, dem Mann begegnete, der sein Lehrer werden sollte, konnte ich es voll und ganz nachvollziehen. Rumi sagte: »Was ich mir vorher als Gott vorgestellt hatte, begegnete mir heute in einem Menschen.« Mir ging es genauso, als ich zum ersten Mal vor Osho saß.

Wie dem auch sei, die Erleuchtung eines Menschen ist ebendas – dessen Erleuchtung. Sie kann nicht übertragen werden. Ihre Schönheit und ihr Segen sind nicht zu übersehen, und das kann eine ungeheure Sehnsucht in den Schülern nach demselben göttlichen Zustand auslösen – und tut es auch. Aber wie ich aus eigener Erfahrung weiß, kann das zu einem Hindernis auf dem Weg werden. Diese Sehnsucht und dieser Wunsch können dazu führen, dass wir uns auf die Zukunft konzentrieren, dass wir überall, nur nicht in der Gegenwart sind, der einzigen Wirklichkeit im Hier und Jetzt.

Vergessen Sie die Erleuchtung. Es gibt nichts, was Sie oder irgendjemand – auch kein spiritueller Lehrer – direkt tun kann, um sie herbeizuführen. Wenn sie geschehen soll, wird sie geschehen. Wann sie geschieht, darauf hat niemand Einfluss.

In den letzten dreißig Jahren hatte ich zwei kurze Einblicke – was im Zen *Satori* genannt wird, das Aufblitzen eines plötzlichen Gewahrseins, das uns eine kurze Erfahrung von Erleuchtung schenkt. »Kurz« ist dabei das entscheidende Wort. Die Erfahrungen kamen und gingen.

Weder beim einen noch beim anderen Mal tat ich irgendetwas, um sie herbeizuführen; jedes Mal kamen sie ganz von allein. Doch jedes Mal landete ich wieder in der Welt, in meinem Verstand, bei mir. Ich vermute, die Zeit war noch nicht reif.

Ich gebe der Erleuchtung keine Energie mehr. Es ist ein Wort, das derart missbraucht worden ist, dass ich es aus meinem Vokabular gestrichen habe. Vergessen Sie die Erleuchtung. Wenn Sie sich unbedingt auf ein Ergebnis konzentrieren wollen, suchen Sie sich eins, für das Sie etwas tun können. Bilden Sie Ihre Bewusstheit aus. Und das bedeutet: Bringen Sie Ihren Verstand – der von seinem Wesen her unstet ist – in den gegenwärtigen Augenblick zurück, wieder und wieder. Bewusstheit kultivieren ist wie einen Muskel trainieren. Mit der Übung kommt die Kraft.

Ich habe beispielsweise hart daran gearbeitet, mein Leben von Müll und Konditionierungen freizuschaufeln, es wirklich zu machen. Und ein Teil dieses Prozesses bestand darin, mein Karma zu reinigen, das Durcheinander von vergangenen Handlungen aufzuräumen, die halberledigt und unfertig nach Vollendung riefen. Als Folge versuche ich, nicht wieder neues Karma anzusammeln, und so tue ich mein Bestes, um jede angefangene Aktivität abzuschließen, während ich meinen Weg gehe.

Eine kleine Technik hilft mir, mich daran zu erinnern. Immer wenn ich ein Werkzeug oder ein Gerät benutze, räume ich es sofort nach dem Gebrauch weg. Wenn ich einen Küchenschrank oder eine Schublade öffne, um mir etwas zu holen, achte ich darauf, sie anschließend wieder zu schließen. Die Tätigkeit ist abgeschlossen, der Kreis vollendet. Es erinnert mich daran, im Leben und mit anderen Menschen genauso zu verfahren, jede Interaktion oder Tätigkeit komplett zu vollenden, bevor ich zur nächsten übergehe.

So lebe ich mein Leben heutzutage.

Ich versuche, meine täglichen Verrichtungen mit einer fortlaufenden Bewusstheit dessen zu tun, was in meinem Körper, meinem Verstand und meinen Emotionen geschieht – ich urteile weder noch reagiere ich, sondern beobachte einfach, stumm und leidenschaftslos. Das tue ich konsequent, seitdem ich nicht mehr die dynamische Meditation durchführe.

Es ist eine Technik, die überall, ständig und zu jeder Zeit anwendbar ist. Was ich auch tue und wo ich es auch tue, der Zeuge ist immer da, ob ich meine Zähne putze oder mit Freunden lache, mir mein Mittagessen zubereite oder einen Spaziergang um den See herum mache, ob ich eine Yogaposition einnehme oder am Computer schreibe, morgens aufwache oder abends schlafen gehe. Der Zeuge ist immer da, denn dieser Zeuge ist das, was ich wirklich bin.

Gibt es noch mehr zu tun? Es gibt immer noch mehr zu tun. Ich kämpfe immer noch mit der Geduld; ich kann scharf sein, wenn jemand unbewusst ist; und gelegentlich, wenn ich den elektrischen Wasserkocher unter dem Wasserhahn in der Küche fülle, erlaube ich meiner Aufmerksamkeit zu wandern und lasse das Wasser zu lange laufen. Aber wenn ich die Pfütze aufwische, vergebe ich mir und denke daran, das nächste Mal aufmerksamer zu sein.

Erwarte ich Perfektion von mir? Überhaupt nicht: Die Vorstellung von »perfekt« erzeugt nur Stress. Aber ich erwarte von mir das Beste, wozu ich in der Lage bin, und das ist ein Entwicklungsprozess. Was ich heute als mein »Bestes« ansehe, betrachte ich morgen vielleicht schon als »mittelmäßig«.

Heute ist mein Alltag – essen, schlafen, arbeiten, mich mit meiner Liebsten erholen – nun zu meiner spirituellen Praxis geworden. Das hat Alan Watts gemeint, als er schrieb:

> Im Zen wird Spiritualität nicht damit verwechselt, an Gott zu denken, während man Kartoffeln schält.
>
> Die Zen-Spiritualität besteht darin, einfach die Kartoffeln zu schälen.

Hier, in diesen wenigen Worten, ist die Essenz dessen enthalten, was ich in diesem Buch zum Ausdruck bringen wollte. Das ist sowohl Alchimie als auch Wirklichkeit. Das ist ein Verschmelzen der Alchimie der Wandlung mit der Wirklichkeit des Lebens. Und auf diese Weise werden wir wirklich.

Literaturverzeichnis

Sofern vorhanden und bekannt, sind hier die deutschen Ausgaben englischer Bücher verzeichnet. Zitiert wurde überwiegend aus den englischen Originalausgaben. Der Abdruck von Zitaten aus den Werken von Osho erfolgt mit freundlicher Genehmigung der Osho International Foundation.

Allanach, Jack: *Mit Licht und Farben heilen,* Kösel Verlag, München 2002.

Die Bhagavadgita, Goldmann Verlag, München 2002.

Bryson, Bill: *Eine kurze Geschichte von allem,* Goldmann Verlag, München 2004.

Darwin, Charles: Der Ausdruck der Gemütsbewegungen bei den Menschen und den Tieren, Eichborn Verlag, Frankfurt/Main 2000.

Dass, Ram: *Sei jetzt hier,* Sadhana Verlag, Berlin 1996.

Ehrmann, Max: *Desiderata, die Lebensregel von Baltimore,* Pattloch Verlag, München 2003.

Gilbert, Gustave: *Nürnberger Tagebuch,* Fischer Verlag, Frankfurt/Main 1963.

Hillman, James: *Charakter und Bestimmung,* Goldmann Verlag, München 2002.

Iyengar, B. K. S.: *Licht auf Yoga,* O. W. Barth bei Scherz Verlag, Frankfurt/Main 1993.

Kingsolver, Barbara: *Willkommen in Kilanga,* Piper Verlag, München 2004.

Kremmer, Christopher: *The Carpet Wars,* Harper Collins, London 2002.

Kundera, Milan: *Unsterblichkeit,* Fischer Verlag, Frankfurt/Main 1999.

Mandela, Nelson: *Der lange Weg zur Freiheit,* Fischer Verlag, Frankfurt/Main 1997.

Moore, Michael: *Stupid White Men,* Piper Verlag, München 2004.

ders.: *Volle Deckung, Mr. Bush,* Piper Verlag, München 2004.

Osho: *Meditation: Die erste und letzte Freiheit,* Innenwelt Verlag, Köln 1998.

ders.: *Osho Zen Tarot,* Urania Verlag, Neuhausen 2001.

ders.: *Mein Weg: Der Weg der weißen Wolke,* Herzschlag Verlag, Berlin 1982.

ders.: *Die Mysterienschule,* Innenwelt Verlag, Köln 1996.

Ouspensky: *Auf der Suche nach dem Wunderbaren,* O. W. Barth bei Scherz Verlag, München 1999.

Tompkins, Peter, und Christopher Bird: *Das Geheime Leben der Pflanzen,* Fischer Verlag, Frankfurt/Main 2002.

Rand, Ayn: *Der ewige Quell,* Goldmann Verlag, München 1993.

Tolle, Eckhart: *Jetzt! Die Kraft der Gegenwart,* Kamphausen Verlag, Bielefeld 2000.

Twain, Mark: *Der geheimnisvolle Fremde,* Aufbau Verlag, Berlin 1958.

Walker, Alice: *Die Farbe Lila,* Lübbe Verlag, Bergisch Gladbach 2003.

Watts, Alan: *Die Illusion des Ich,* Kösel Verlag, München 1980 (das Original erschien 1969).

Wilkinson, Marian, und Marr, David: *Dark Victory: The Tampa and the Military Campaign to Re-Elect the Prime Minister,* Allen and Unwin, Sydney 2003.

Yogananda: *Autobiographie eines Yogi,* Self Realization Fellowship, März 2001.

Eckhart Tolle · Eine neue Erde

ISBN 3-442-33706-2

Nach seinen Bestsellern „Jetzt“ und „Leben im Jetzt“ geht Eckhart Tolle mit seinem neuen Buch einen Schritt weiter. Er setzt das Erwachen eines radikal geänderten persönlichen Bewusstseins in Beziehung zum Kollektivbewusstsein. Nur wenn wir uns in einen „inneren Raum“ jenseits von Gedanken, Emotionen und reaktivem Verhalten bewegen, erfahren wir Liebe und eine allumfassende Intelligenz. Nur wenn viele Menschen diesen Schritt gehen, wird sich ein neues Bewusstsein entwickeln. Nur ein neues Bewusstsein kann uns und die Erde vor Zerstörung bewahren.

GOLDMANN
ARKANA